Histoires Courtes en Turc

Apprendre l'Turc facilement en lisant des histoires courtes

Dilara Kaplan

Copyright © 2022 Dilara Kaplan

greenthumbpublishing@gmail.com

Contenu

Introduction
Comment utiliser le livre
Guide de lecture

Mersin
Trabzon
Le cœur de la Turquie
Délices turcs
Un Américain en Turquie
Merveilles de la Cappadoce
Ephèse
Pamukkale
Konya
Antalya
A la plage
Camping au lac
La maison
Dans le train
Cuisiner le dîner
Rentrer à pied
Le château
Mon jardin
Faire du shopping
Au marché
Au café
Aller nager
Tonte de la pelouse
Se faire couper les cheveux
Le parc

Introduction

Lire dans une langue étrangère est l'un des moyens les plus efficaces d'améliorer ses compétences linguistiques et d'enrichir son vocabulaire. Cependant, il est parfois difficile de trouver des supports de lecture attrayants, d'un niveau approprié, qui procurent un sentiment de réussite et de progrès. La plupart des livres et articles écrits pour des locuteurs natifs peuvent être trop longs et difficiles à comprendre ou contenir un vocabulaire de très haut niveau, de sorte que vous vous sentez dépassé et abandonnez. Si ces problèmes vous sont familiers, alors ce livre est pour vous !

Histoires Courtes en Turc est une collection de 25 histoires courtes non conventionnelles et divertissantes qui sont conçues pour aider les apprenants de niveau débutant à intermédiaire Turc à améliorer leurs compétences linguistiques.

Ces histoires courtes créent un environnement propice à la lecture en incluant ;

- Un contenu linguistique riche dans différents genres pour vous divertir et vous exposer à une variété de formes de mots.
- Des histoires plus courtes en chapitres pour vous donner la satisfaction de terminer des histoires et de progresser rapidement.
- Des textes écrits à votre niveau afin qu'ils soient plus facilement compréhensibles et ne vous dépassent pas.
- Traduction française sur des pages alternées afin que vous puissiez vous y référer directement ligne par ligne tout en lisant l'histoire Turc.
- Le vocabulaire clé est imprimé en gras tout au long

de l'histoire et de la traduction pour vous aider à comprendre plus facilement les mots qui ne vous sont pas familiers.
- Des questions de compréhension pour tester votre compréhension des événements clés et vous encourager à lire plus en détail.

Que vous souhaitiez enrichir votre vocabulaire, améliorer votre compréhension ou simplement lire pour le plaisir, ce livre est le plus grand pas en avant que vous ferez dans vos études cette année. Histoires Courtes en Turc vous apportera tout le soutien dont vous avez besoin, alors asseyez-vous, détendez-vous et laissez libre cours à votre imagination en vous laissant transporter dans un monde magique d'aventures, de mystères et d'intrigues - en Turc!

Comment utiliser ce livre

La lecture est un talent difficile à maîtriser. Nous utilisons toute une série de micro-compétences pour nous aider à lire dans notre langue maternelle. Par exemple, nous pouvons parcourir un passage pour en comprendre le sens, ou l'essentiel. Nous pouvons aussi passer au peigne fin les nombreuses pages d'un horaire de train à la recherche d'une heure ou d'un lieu précis. Si ces micro-compétences sont une seconde nature lorsque nous lisons dans notre langue maternelle, les recherches révèlent que nous en oublions souvent la plupart lorsque nous lisons dans une langue étrangère. Lorsque nous apprenons une langue étrangère, nous commençons généralement par le début d'un texte et le parcourons en essayant de comprendre chaque mot. Inévitablement, nous rencontrons des termes peu familiers ou complexes et nous sommes gênés par notre incapacité à les comprendre.

L'un des principaux avantages de la lecture dans une langue étrangère est que vous êtes exposé à un grand nombre de phrases et d'expressions utilisées dans des situations quotidiennes. La lecture extensive est un terme utilisé pour décrire la lecture pour le plaisir dans le but d'apprendre une langue. En d'autres termes, la lecture approfondie de manuels scolaires aide généralement à l'apprentissage des règles de grammaire et d'un vocabulaire particulier, mais la lecture extensive d'histoires aide à l'apprentissage du langage naturel.

Histoires Courtes en Turc vous donnera l'occasion d'en apprendre davantage sur la langue naturelle Turc en usage, même si vous avez peut-être commencé votre voyage d'apprentissage des langues uniquement avec

des manuels. Voici quelques conseils à garder à l'esprit lorsque vous lirez les histoires de ce livre pour en tirer le meilleur parti : Lorsqu'il s'agit de lire, le plaisir et le sentiment d'accomplissement sont essentiels. Vous en redemandez parce que vous aimez ce que vous lisez. Lire chaque histoire du début à la fin est la meilleure méthode pour prendre plaisir à lire des histoires et se sentir accompli. Par conséquent, la chose la plus cruciale est d'arriver à la fin d'une histoire. C'est en fait plus important que de connaître chaque mot.

Plus vous lisez, plus vous acquerrez de connaissances. Vous aurez rapidement une connaissance du fonctionnement de la Turc si vous lisez de gros livres pour le plaisir. Cependant, gardez à l'esprit que pour tirer tous les bénéfices d'une lecture extensive, vous devez d'abord lire un volume suffisamment important. Lire quelques pages ici et là peut vous apprendre quelques nouveaux mots, mais cela ne fera pas une différence significative dans votre niveau global de Turc.

Acceptez le fait que vous ne comprendrez pas tout ce que vous lisez dans un roman. C'est, sans aucun doute, le point le plus crucial ! N'oubliez jamais que le fait de ne pas comprendre tous les mots ou toutes les phrases est tout à fait acceptable. Cela ne signifie pas que vos compétences linguistiques sont insuffisantes ou que vos résultats sont médiocres. Cela indique que vous participez activement au processus d'apprentissage.

Guide de lecture

Afin de tirer le meilleur parti de la lecture d'Histoires Courtes en Turc, il est préférable que vous suiviez ce processus de lecture simple en six étapes pour chaque chapitre des histoires :

1. Lisez le titre du chapitre. Réfléchissez à ce que pourrait être le sujet de l'histoire. Puis lisez l'histoire jusqu'au bout. Votre objectif est simplement d'atteindre la fin de l'histoire. Par conséquent, ne vous arrêtez pas pour chercher des mots et ne vous inquiétez pas s'il y a des choses que vous ne comprenez pas. Essayez simplement de suivre l'intrigue.

2. Lorsque vous arrivez à la fin de l'histoire, parcourez la traduction française pour voir si vous avez compris ce qui s'est passé et reprenez tout contexte qui vous aurait échappé.

3. Revenez en arrière et relisez la même histoire. Si vous le souhaitez, vous pouvez vous concentrer davantage sur les détails de l'histoire qu'auparavant, mais sinon, lisez-la simplement une fois de plus.

4. Ensuite, répondez aux questions de compréhension en Turc pour vérifier votre compréhension des événements clés de l'histoire. Si vous ne comprenez pas entièrement les questions, ne vous inquiétez pas. Utilisez vos connaissances pour répondre du mieux que vous pouvez.

5. A ce stade, vous devriez avoir une certaine compréhension des principaux événements du chapitre. Si ce n'est pas le cas, vous pouvez relire le chapitre plusieurs fois en utilisant la traduction pour vérifier les

mots et les phrases inconnus jusqu'à ce que vous vous sentiez en confiance.

Une fois que vous êtes prêt et sûr d'avoir compris ce qui s'est passé - que ce soit après une ou plusieurs lectures de l'histoire - passez à l'histoire suivante et continuez à apprécier l'histoire à votre propre rythme, comme vous le feriez pour n'importe quel autre livre.

Ce n'est qu'une fois que vous avez terminé une histoire dans son intégralité que vous pouvez envisager de revenir en arrière et d'étudier le langage de l'histoire plus en profondeur si vous le souhaitez. Au lieu de vous inquiéter de tout comprendre, prenez le temps de vous concentrer sur ce que vous avez compris et de vous féliciter pour tout ce que vous avez fait.

Histoires Courtes
en Turc

Dilara Kaplan

Mersin

Mersin hiçliğin ortasında yer alan küçük bir kasabaydı. Onu özel kılan tek şey çok büyük ve **güzel bir** göle sahip olmasıydı. Her yıl yazın ilk günü Mersin'deki tüm **aileler** piknik yapmak ve sıcak havanın tadını çıkarmak için gölde toplanırdı. Özellikle bir aile, Smith'ler, bu yıllık geleneği her zaman dört gözle beklerdi. Bir an önce göle varabilmek için **sabah** erkenden arabalarını yiyecek ve içeceklerle doldururlardı. Oraya vardıklarında, battaniyelerini su kenarındaki büyük ağaçlardan birinin altına kurar ve saatlerce dinlenir, yüzer ve birlikte **oyunlar** oynarlardı. Smith'ler doğanın güzelliğiyle çevrili mutlu yerlerinde zaman **geçirmeyi** seviyorlardı; ama en önemlisi, bu anları birbirleriyle paylaşabildikleri için değer veriyorlardı - günümüzün yoğun dünyasında giderek daha nadir hale gelen bir şey.

Mersin'de çok güzel bir gündü. Güneş parlıyordu ve kuşlar şarkı söylüyordu. Smith ailesi göle yeni **varmıştı** ve su kenarındaki büyük ağaçlardan birinin altına **battaniyelerini** kuruyorlardı. Hep birlikte kaliteli zaman geçirecekleri, yüzecekleri, oyun oynayacakları ve birbirlerinin arkadaşlığında rahatlayacakları için heyecanlıydılar. **Birden,** gölün diğer tarafından gelen yüksek sesli bir su sıçraması duydular. Arkalarını

Mersin

Mersin était une petite ville située au milieu de nulle part. La seule chose qui la rendait spéciale était le fait qu'elle possédait un très grand et **beau** lac. Chaque année, le premier jour de l'été, toutes les **familles** de Mersin se réunissaient au bord du lac pour pique-niquer et profiter du beau temps. Une famille en particulier, les Smith, attendait toujours avec impatience cette tradition annuelle. Tôt le **matin,** ils remplissaient leur voiture de nourriture et de boissons afin de pouvoir se rendre au lac le plus rapidement possible. Une fois arrivés, ils installaient leur couverture sous l'un des grands arbres près du bord de l'eau et passaient des heures à se détendre, à nager et à **jouer** ensemble. Les Smith aimaient **passer du** temps dans leur lieu de prédilection, entourés de la beauté de la nature, mais surtout, ils chérissaient ces moments parce qu'ils pouvaient les partager l'un avec l'autre, ce qui est de plus en plus rare dans le monde occupé d'aujourd'hui.

C'était une belle journée à Mersin. Le soleil brille et les oiseaux chantent. La famille Smith venait d'**arriver** au lac et installait sa **couverture** sous l'un des grands arbres près du bord de l'eau. Ils sont tous impatients de passer du temps ensemble, de nager, de jouer à des jeux et de se détendre en compagnie des autres.

döndüklerinde büyük bir balığın sudan kıyıya atladığını gördüler! Evinin güvenliğine geri dönmek için çırpınıyordu. Ama artık çok geçti - balık **çoktan** karaya çıkmış ve nefes nefese kalmıştı. Baba yardıma koşarken, eşi de bu nadir olayın fotoğrafını çekebilmek için kamerasını kaptı. Çocukları, bu **muhteşem** yaratığın gözlerinin önünde yaşam mücadelesi vermesini huşu içinde izliyordu. O anda, bir aile olarak bu kadar özel bir şeyi birlikte **deneyimleyebildikleri** için ne kadar şanslı olduklarını fark ettiler. Birkaç dakika sonra balık **hareket etmeyi** bıraktı ve öldüğü anlaşıldı.

Baba üzgün hissetti ama aynı zamanda böyle nadir bir olayı görebildiği için minnettar oldu. Çocuklarının bu günü asla unutmayacağını biliyordu. Ayrılmak üzere **toparlanırlarken,** anne su kenarında garip bir **şey** fark etti. İlk balığın yanında yerde yatan başka bir balık varmış gibi görünüyordu. Daha yakından bakmak için yanına gitti ve bu balığın hala canlı olduğunu fark etti! Hemen **kocasını** çağırmış ve **her ikisi de balığın pullarına** su döküp hafifçe **ovalayarak** onu canlandırmaya çalışmışlar. Birkaç dakika süren yoğun çabanın ardından nihayet balığı ait olduğu suya geri döndürmeyi başardılar. Balığın gölün derinliklerine doğru güvenli bir şekilde yüzerek uzaklaşmasını izlediler ve onun hayatını kurtarabildikleri için **şükrettiler.**

Soudain, ils entendent un grand plouf venant de l'autre côté du lac. Ils se sont retournés pour voir un gros poisson sauter hors de l'eau et sur la rive ! Il s'agite dans tous les sens pour tenter de regagner la sécurité de sa maison. Mais il était trop tard : le poisson était **déjà** sur la terre ferme et haletait. Le père s'est précipité pour l'aider tandis que sa femme a attrapé leur appareil photo pour prendre des clichés de cet événement rare. Leurs enfants sont restés là, à regarder avec admiration cette créature **étonnante se** battre pour sa vie sous leurs yeux. À ce moment-là, ils ont réalisé la chance qu'ils avaient de pouvoir **vivre une expérience** aussi spéciale en famille. Après quelques minutes, le poisson a cessé de **bouger,** et il était clair qu'il était mort.

Le père était triste mais aussi reconnaissant d'avoir pu assister à un événement aussi rare. Il savait que ses enfants n'oublieraient jamais ce jour. Alors qu'ils **remballent** pour partir, la mère remarque **quelque chose d'**étrange près du bord de l'eau. Il semblait y avoir un autre poisson couché sur le sol à côté du premier. Elle s'est approchée pour regarder de plus près et a réalisé que ce poisson était encore vivant ! Elle a rapidement appelé son **mari**, et tous deux ont commencé à essayer de ranimer la **créature** en versant de l'eau sur ses écailles et en les **frottant** doucement. Après quelques minutes d'efforts intenses, ils ont finalement réussi à remettre le poisson dans l'eau, comme il se doit.

Anlama Soruları

1. Mersin nerede bulunuyordu?

2. Mersin'i özel kılan neydi?

3. Mersin'deki aileler hangi yıllık geleneğe katılırlardı?

4. Smith ailesi yıllık gelenekleri hakkında ne hissediyordu?

5. Gölün diğer tarafından gelen yüksek sesli bir su sıçraması duyduklarında aile ne yaptı?

6. Ayrılmak için toparlanırlarken anne neyi fark etti?

7. Balığı kurtardıktan sonra babanın duyguları neydi?

8. Anne neden kocasını çağırdı?

9. Balığı nasıl canlandırdılar?

Questions de compréhension

1. Où se trouvait Mersin ?

2. Qu'est-ce qui a rendu Mersin spécial ?

3. Quelle est la tradition annuelle à laquelle participent les familles de Mersin ?

4. Que pense la famille Smith de sa tradition annuelle ?

5. Qu'a fait la famille lorsqu'elle a entendu un grand plouf venant de l'autre côté du lac ?

6. Qu'a remarqué la mère lorsqu'ils ont fait leurs bagages pour partir ?

7. Quelles étaient les émotions du père après avoir sauvé le poisson ?

8. Pourquoi la mère a-t-elle appelé son mari ?

9. Comment ont-ils ranimé le poisson ?

Trabzon

Trabzon şehri Türkiye'nin kuzeydoğu kesiminde yer almaktadır. Zengin bir tarihe sahip **güzel bir** yerdir. Şehir 2.000 yılı aşkın bir süredir iskân edilmiş ve birçok **farklı** medeniyet tarafından yönetilmiştir. Bugün Trabzon, 1 milyondan fazla nüfusa sahip modern bir şehirdir. Ancak, eski dünya cazibesini hala korumaktadır. Trabzon'daki en popüler turistik yerlerden biri **Sümela** Manastırı'dır. Bu manastır bir dağın yamacına inşa edilmiştir ve sadece dik bir patikada yürüyüş yapılarak ulaşılabilmektedir. **Manastırın** manzarası nefes kesicidir ve oraya ulaşmak için harcanan çabaya değer!

Trabzon'da görülmesi gereken bir diğer yer de Atatürk Köşkü'dür. Bu köşk bir zamanlar modern Türkiye'nin kurucusu Mustafa Kemal Atatürk'e ev sahipliği yapmıştır. **Ziyaretçiler Atatürk'ün** yaşadığı odaları gezebilir ve Türkiye'nin cumhurbaşkanı olduğu dönemde nasıl yaşadığını görebilirler. Dinlenmek ve açık havanın tadını çıkarmak için bir yer arıyorsanız, Trabzon mükemmel bir **yerdir**. Şehir genelinde çok sayıda park ve bahçe bulunmaktadır. En popüler parklardan biri, Roma tarzı bir amfitiyatroya sahip olan Forum Tarihi'dir. Bu park aynı zamanda birkaç restoran ve kafeye de ev sahipliği yapmakta olup, öğleden sonrayı geçirmek için mükemmel bir yerdir. Trabzon

Trabzon

La ville de Trabzon est située dans le nord-est de la Turquie. C'est un endroit **magnifique** avec une histoire riche. La ville est habitée depuis plus de 2 000 ans et a été gouvernée par de nombreuses civilisations **différentes**. Aujourd'hui, Trabzon est une ville moderne qui compte plus d'un million d'habitants. Toutefois, elle conserve son charme d'antan. L'une des attractions touristiques les plus populaires de Trabzon est le monastère de **Sumela**. Ce monastère a été construit sur le flanc d'une montagne et on ne peut y accéder qu'en empruntant un sentier escarpé. Les vues depuis le **monastère** sont à couper le souffle et valent bien l'effort de s'y rendre !

Un autre site incontournable de Trabzon est le manoir d'Ataturk. Ce manoir était autrefois la résidence de Mustafa Kemal Ataturk, le fondateur de la Turquie moderne. Les **visiteurs** peuvent visiter les pièces où Ataturk a vécu et voir comment il vivait à l'époque où il était président de la Turquie. Si vous cherchez un endroit pour vous détendre et profiter du plein air, Trabzon est la **destination** idéale. De nombreux parcs et jardins sont répartis dans la ville. L'un des parcs les plus populaires est le Forum Tarihi, qui comprend un amphithéâtre de style romain. Ce parc abrite également plusieurs restaurants et cafés, ce qui en fait l'endroit

lezzetli yemekleriyle de bilinmektedir. Şehirde hem yerel hem de **uluslararası** yemekler sunan çok **çeşitli** restoranlar bulunmaktadır. Kebap, pide ve baklava gibi geleneksel Türk yemeklerinden bazılarını mutlaka deneyin.

Trabzon'a yapılacak hiçbir ziyaret, **doğada** bir gezintiye çıkmadan tamamlanmış sayılmaz. Trabzon'u çevreleyen bölge birbirinden güzel **dağlar,** ormanlar ve nehirlerle doludur. Bu bölgede muhteşem manzaralar sunan çok sayıda yürüyüş parkuru bulunmaktadır. Eğer **maceraperest** hissediyorsanız, yakındaki nehirlerden birinde beyaz su raftingi bile yapabilirsiniz! İster tarihle, ister yemekle, ister doğayla ilgilenin, Trabzon'da herkes için bir şeyler var. Bu şehir **kaçırılmaması** gereken gerçekten eşsiz bir yer! Trabzon seyahatinizi planlarken Sümela Manastırı Otel'de bir oda ayırtmayı unutmayın. Bu otel **manastırın** hemen yanında yer almaktadır ve şehrin muhteşem manzaralarını sunmaktadır. Odalar konforludur ve personel çok cana yakındır. Burada kalmaktan kesinlikle keyif alacaksınız! Unutulmaz bir deneyim arıyorsanız, Trabzon'dan başka bir yere bakmanıza gerek yok. Bu şehirde herkes için bir şeyler vardır ve tatilinizi unutulmaz bir hale getireceğinden emin olabilirsiniz.

idéal pour passer un après-midi. Trabzon est également connue pour sa délicieuse cuisine. La ville compte une grande **variété** de restaurants qui proposent une cuisine locale et **internationale**. Ne manquez pas de goûter aux plats traditionnels turcs, comme les brochettes, le pide (un type de pain plat) et le baklava (une pâtisserie sucrée).

Aucune visite à Trabzon ne serait complète sans une excursion dans la **nature**. La région entourant Trabzon est remplie de **montagnes**, de forêts et de rivières magnifiques. Il existe de nombreux sentiers de randonnée dans cette région qui offrent des vues imprenables sur le paysage. Si vous vous sentez l'**âme d'un aventurier**, vous pouvez même faire du rafting sur l'une des rivières voisines ! Que vous soyez intéressé par l'histoire, la gastronomie ou la nature, Trabzon a quelque chose à offrir à chacun. Cette ville est un endroit vraiment unique à ne pas **manquer** ! Lorsque vous planifiez votre voyage à Trabzon, n'oubliez pas de réserver une chambre à l'hôtel Sumela Monastery. Cet hôtel est situé juste à côté du **monastère** et offre une vue imprenable sur la ville. Les chambres sont confortables et le personnel est très sympathique. Vous apprécierez certainement votre séjour ici ! Si vous êtes **à la recherche** d'une expérience inoubliable, ne cherchez pas plus loin que Trabzon. Cette ville a de quoi satisfaire tous les goûts et fera de vos vacances un moment inoubliable.

Anlama Soruları

1. Metinde geçen şehrin adı nedir?

2. Şehir hangi ülkede yer almaktadır?

3. Şehrin nüfusu ne kadardır?

4. Şehirdeki en popüler turistik yerlerden biri nedir?

5. Roma tarzı bir amfi tiyatronun bulunduğu parkın adı nedir?

6. Manastırın yanında bulunan otelin adı nedir?

7. Modern Türkiye'nin kurucusunun adı nedir?

8. Kebaplardan yapılan geleneksel Türk yemeğinin adı nedir?

9. Trabzon'da popüler olan tatlı hamur işinin adı nedir?

Questions de compréhension

1. Quel est le nom de la ville dans le texte ?

2. Dans quel pays la ville est-elle située ?

3. Quelle est la population de la ville ?

4. Quelle est l'une des attractions touristiques les plus populaires de la ville ?

5. Quel est le nom du parc qui comporte un amphithéâtre de style romain ?

6. Quel est le nom de l'hôtel qui se trouve à côté du monastère ?

7. Quel est le nom du fondateur de la Turquie moderne ?

8. Quel est le nom du plat traditionnel turc composé de brochettes ?

9. Quel est le nom de la pâtisserie sucrée qui est populaire à Trabzon ?

Türkiye'nin Kalbi

Türkiye'nin Kalbi, ormanın derinliklerinde özel bir yerdi. Eğer kalbi bulursanız, size bir dilek hakkı verileceği söylenirdi. Ama şimdiye kadar hiç kimse onu bulamamıştı... ta ki şimdiye kadar. 10 yaşındaki Lily ve ailesi Türkiye'de **tatildeydi. Ormanı** keşfederken, bir ağaç gövdesine gömülü garip bir taş kalbe rastladı. Onu üç kez ovaladı ve dileğini diledi: yıllardır görmediği büyükanne ve **büyükbabasını** tekrar görmek. Birdenbire yer sallanmaya başladı ve ağaç gittikçe uzamaya başladı, ta ki Lily ayaklarından havaya kalkana kadar! Sonunda hareket etmeyi **bıraktığında,** kendini tanıdık yüzlerle çevrili **güzel bir** bahçenin içinde buldu - büyükanne ve büyükbabası!

 Ona sıkıca sarıldılar ve Türkiye'nin kalbinin parıldayan ışıkları arasından evine götürmeden önce onu ne kadar sevdiklerini söylediler. Lily'nin dileği gerçekleşmişti! **Büyükanne ve büyükbabasını** tekrar görebildiği ve onlarla vakit geçirebildiği için çok mutluydu. Ama bunun hayatta bir kez eline geçecek bir fırsat olduğunu da biliyordu ve bunu en iyi şekilde değerlendirmek **istiyordu.** Lily her gün büyükanne ve büyükbabasıyla birlikte bahçeyi keşfediyordu. Çiçek topluyor, kelebekleri kovalıyor ve hatta birlikte ağaçlara tırmanıyorlardı. Bu

Le cœur de la Turquie

Le Coeur de la Turquie était un endroit spécial, au fin fond de la forêt. Il était dit que si vous trouviez le cœur, vous seriez exaucé d'un vœu. Mais personne n'avait jamais été capable de le trouver... jusqu'à maintenant. Lily, 10 ans, et sa famille étaient en **vacances** en Turquie. Alors qu'elle explorait la **forêt**, elle est tombée sur un étrange cœur de pierre encastré dans un tronc d'arbre. Elle le frotta trois fois et fit son vœu : revoir ses **grands-parents**, qu'elle n'avait pas vus depuis des années. Soudain, le sol se mit à trembler et l'arbre à devenir de plus en plus grand, jusqu'à ce que Lily soit soulevée de ses pieds dans les airs ! Lorsqu'elle s'**arrêta** enfin **de** bouger, elle se retrouva dans un **magnifique** jardin, entourée de visages familiers - ses grands-parents !

Ils l'ont serrée très fort dans leurs bras et lui ont dit combien ils l'aimaient avant de la ramener chez elle à travers les lumières scintillantes du cœur de la Turquie. Le souhait de Lily s'est réalisé ! Elle était si heureuse de pouvoir revoir ses **grands-parents** et de passer du temps avec eux. Mais elle savait aussi que c'était une occasion unique, et elle **voulait en profiter** au maximum. Chaque jour, Lily explorait le jardin avec ses

Lily'nin asla unutamayacağı en güzel tatildi. Sonunda Lily'nin büyükanne ve büyükbabasına **veda edip** eve dönme zamanı geldi. Ayrıldığı için üzgündü ama onların her zaman kalbinde olacağını biliyordu. Ve yakında tekrar gelip onları ziyaret edeceğine söz verdi. **Türkiye'nin** Kalbi Lily'ye en güzel hediyeyi vermişti - sevdikleriyle bir kez daha vakit geçirme şansı. Bunun için ve ömür boyu sürecek mutlu **anıları için minnettardı.**

Lily'nin hikayesi hızla tüm Türkiye'ye yayıldı ve kısa sürede herkes Türkiye'nin Kalbi ve onun **sihirli** güçleri hakkında konuşmaya başladı. Dünyanın dört bir yanından insanlar kendi dileklerini gerçekleştirme umuduyla ziyarete geldi. Kalp pek çok insana mutluluk getirmişti ve bunların hepsi Lily sayesinde olmuştu. Dünyadaki en özel yeri bulmuş ve büyüsünü herkesle paylaşmıştı. **Türkiye'nin** kalbi Lily için her zaman özel bir yer olacak. Orada bir dilek tuttu ve bu dilek en **muhteşem** şekilde gerçekleşti. Büyükannesi ve büyükbabasıyla geçirdiği zamanı her düşündüğünde hissettiği ve hissetmeye devam ettiği **mutluluğu** asla unutmayacak. Lily'nin hikayesi gelecek **nesiller** boyunca anlatılacak bir hikaye.

grands-parents. Ils cueillaient des fleurs, chassaient les papillons, et grimpaient même aux arbres ensemble. C'était les meilleures vacances de tous les temps, des vacances que Lily n'oublierait jamais. Finalement, le moment est venu pour Lily de dire **au revoir** à ses grands-parents et de rentrer chez elle. Elle était triste de partir, mais elle savait qu'ils seraient toujours dans son cœur. Et elle s'est jurée de revenir leur rendre visite bientôt. Le Cœur de la **Turquie** a offert à Lily le plus beau des cadeaux : la chance de passer du temps avec ses proches une fois de plus. Elle en est **reconnaissante, et les souvenirs** heureux qu'elle en gardera toute sa vie.

L'histoire de Lily s'est rapidement répandue dans toute la Turquie, et bientôt tout le monde parlait du Cœur de la Turquie et de ses pouvoirs **magiques**. Des gens du monde entier sont venus le visiter, dans l'espoir de voir leurs propres souhaits se réaliser. Le Coeur a apporté le bonheur à tant de gens, et c'est grâce à Lily. Elle avait trouvé l'endroit le plus spécial du monde et avait partagé sa magie avec tout le monde. Le cœur de la **Turquie** sera toujours un endroit spécial pour Lily. C'est là qu'elle a fait son vœu et qu'il s'est réalisé de la manière la plus **incroyable qui soit**. Elle n'oubliera jamais le bonheur qu'elle a ressenti - et qu'elle continue de ressentir - lorsqu'elle pense au temps passé en **compagnie de** ses grands-parents. L'histoire de Lily sera racontée aux **générations** à venir.

Anlama Soruları

1. Lily'nin dileği neydi?

2. Lily'nin dileği nasıl gerçekleşti?

3. Lily her gün büyükanne ve büyükbabasıyla ne yapıyordu?

4. Lily'nin hikayesi neden tüm Türkiye'de hızla yayıldı?

5. Lily'nin hikayesinden bir hatırlatma nedir?

6. Türkiye'nin Kalbi nerede bulunuyordu?

7. Türkiye'nin Kalbi'ni bulsaydınız ne olurdu?

8. Türkiye'nin Kalbi'ni bulan ilk kişi kimdir?

9. Lily, Türkiye'nin Kalbi'ni bulduğunda kaç yaşındaydı?

10. Lily için en özel yer neresiydi?

Questions de compréhension

1. Quel était le souhait de Lily ?

2. Comment le souhait de Lily s'est-il réalisé ?

3. Que faisait Lily chaque jour avec ses grands-parents ?

4. Pourquoi l'histoire de Lily s'est-elle rapidement répandue dans toute la Turquie ?

5. Quel est le rappel de l'histoire de Lily ?

6. Où se trouvait le cœur de la Turquie ?

7. Que se passerait-il si vous trouviez le cœur de la Turquie ?

8. Qui a été la première personne à trouver le cœur de la Turquie ?

9. Quel âge avait Lily quand elle a trouvé le Coeur de Dinde ?

10. Quel était l'endroit le plus spécial pour Lily ?

Türk Lokumları

Türk Lokumunu ilk kez İstanbul'da sıcak bir yaz gününde yemiştim. Sıcaklık o kadar **yoğundu** ki hava pekmezden yapılmış gibi hissediliyordu. O lezzetli görünen şekerlerden elime bir tane geçirebilseydim, dünya biraz daha serin olurdu diye düşündüğümü hatırlıyorum. Dükkâna girdim ve onları hemen fark ettim: güneş ışığında **parlayan** sıra sıra renkli şekerler. Ne seçeceğimi bilemediğim için tezgâhın arkasındaki kadına tavsiyesini sordum. Gülümsedi ve bana bir kutu gül aromalı lokum uzattı. Bir ısırık alır almaz müptelası oldum. Şekerlemenin **tatlılığı** gül kokusuyla **birleştiğinde** daha önce deneyimlediğim hiçbir şeye benzemiyordu. O zamandan beri lokumlar en sevdiğim ikramlardan biri oldu!

 Türk Lokumu ile İstanbul'da yaşadığım dönemde tanıştım. Türkiye'den bir arkadaşım ne zaman ziyaretime gelse bana mutlaka bir kutu getirirdi. İlk başta ne yapacağımdan emin değildim. Çok garip görünüyorlardı, içinde fındık ve baharatlar olan küçük jöle küpleri gibi. Ama bir kez tadına bakınca, müptelası oldum. Tatlı ve **tuzlu** tatların birleşimi daha önce yediğim hiçbir şeye benzemiyordu. Ve dokusu! Tarif etmesi zor ama şimdiye kadar **deneyimlediğim** hiçbir şeye benzemiyor. Lokum kesinlikle edinilmesi

Délices turcs

La première fois que j'ai mangé du Turkish Delight, c'était par une chaude journée d'été à Istanbul. La chaleur était si **intense** qu'on avait l'impression que l'air était fait de mélasse. Je me souviens avoir pensé que si je pouvais mettre la main sur quelques-uns de ces délicieux bonbons, le monde serait un peu plus frais. Je suis entrée dans le magasin et je les ai immédiatement repérés : des rangées et des rangées de bonbons colorés, **scintillant** dans la lumière du soleil. Je ne savais pas quoi choisir, alors j'ai demandé à la femme derrière le comptoir de me conseiller. Elle a **souri** et m'a tendu une boîte de Turkish Delights au goût de rose. Dès que j'ai pris une bouchée, j'ai été accroché. La **douceur** du bonbon **associée** à l'odeur des roses ne ressemblait à rien de ce que j'avais connu auparavant. Depuis lors, les Turkish Delights sont l'une de mes friandises préférées !

J'ai découvert les Délices turcs lorsque je vivais à Istanbul. Une de mes amies, qui est originaire de Turquie, m'en apportait toujours une boîte lorsqu'elle venait me rendre visite. Au début, je ne savais pas trop quoi en faire. Ils avaient l'air si étranges, comme des petits cubes de gelée avec des noix et des épices à l'intérieur. Mais une fois que je les ai goûtés, j'ai

gereken bir tat, ancak bir kez edindiğinizde ömür boyu bağımlısı olacaksınız! Arkadaşlarım geldiğinde her zaman elimde bir ya da iki kutu bulundurmaya özen gösteriyorum. Her zaman yeni **bir şeyler** denemeyi severler ve Turkish Delights asla etkilemekte başarısız olmaz. Eğer siz de damak tadınıza hitap edecek eşsiz bir lezzet arıyorsanız, Turkish Delights'tan başkasına bakmayın! Yakın zamanda yeni bir Türk Lokumu çeşidiyle tanıştım: portakal çiçeği. İlk başta şüpheyle yaklaştım. Gül aromalı lokumların **mükemmelliği** nasıl daha iyi **olabilirdi ki?** Ama oğlum, yanılmışım! Portakal çiçeği çeşidi orijinalinden bile daha **lezzetli.** Daha önce bağımlısı olduğunuzu düşünüyorsanız, bu yeni lezzeti deneyene kadar bekleyin! Eğer gerçekten eşsiz ve egzotik bir lezzet arıyorsanız, Turkish Delights'tan başkasına bakmayın.

été conquise. La combinaison de saveurs sucrées et **salées** était différente de tout ce que j'avais pu manger auparavant. Et la texture ! C'est difficile à décrire, mais je n'ai jamais rien **connu** de tel. Les Délices turcs sont définitivement un goût à acquérir, mais une fois que vous l'aurez acquis, vous serez accroché pour la vie ! Je m'assure toujours d'avoir une boîte ou deux à portée de main lorsque des amis viennent chez moi. Ils aiment toujours essayer **quelque chose de** nouveau, et les Turkish Delights ne manquent jamais d'impressionner. Si vous êtes à la recherche d'une friandise unique qui fera vibrer vos papilles, ne cherchez pas plus loin que les Délices turcs ! On m'a récemment présenté un nouveau parfum de Turkish Delight : la fleur d'oranger. Au début, j'étais sceptique. Je veux dire, comment **pourrait-on** améliorer la **perfection des** Turkish Delights à la rose ? Mais bon, j'avais tort ! La variété à la fleur d'oranger est encore plus **délicieuse** que l'original. Si vous pensiez que vous étiez déjà accro, attendez de goûter à cette nouvelle saveur ! Si vous êtes à la recherche d'une friandise vraiment unique et exotique, ne cherchez pas plus loin que les Turkish Delights.

Anlama Soruları

1. Yazar İstanbul'un havası hakkında ne diyor?

2. Yazar bir lokum dükkanına ilk ziyaretinde ne satın almıştır?

3. Yazar lokumların dokusu hakkında ne söylüyor?

4. Yazarın en sevdiği Türk Lokumu çeşidi nedir?

5. Yazarın portakal çiçeği aromalı lokumlara ilk tepkisi ne oldu?

6. Yazar, Türk Lokumları hakkında bağımlılık yapan şeyin ne olduğunu söylüyor?

7. Yazar, Türk Lokumu arayanlara ne tavsiye ediyor?

8. Yazar, pazarcı kadının gül aromalı lokum isteğine verdiği tepki hakkında ne söylüyor?

9. Yazar eve gidip lokum kutusunu açtığında neye şaşırdı?

Questions de compréhension

1. Que dit l'auteur à propos de l'air à Istanbul ?

2. Qu'est-ce que l'auteur a acheté lors de sa première visite dans un magasin Turkish Delight ?

3. Que dit l'auteur à propos de la texture des Délices turcs ?

4. Quelle est la saveur de Turkish Delight préférée de l'auteur ?

5. Quelle a été la première réaction de l'auteur aux délices turcs parfumés à la fleur d'oranger ?

6. Selon l'auteur, qu'est-ce qui rend les Délices turcs si addictifs ?

7. Que recommande l'auteur aux personnes qui recherchent les Délices Turcs ?

8. Que dit l'auteur de la réaction de la marchande à sa demande de délices turcs aromatisés à la rose ?

9. Lorsque l'auteur est rentré chez lui et a ouvert la boîte de Turkish Delights, qu'a-t-il été surpris de trouver ?

Türkiye'de Bir Amerikalı

Türkiye'ye ilk kez geliyordum ve ülkeyi keşfedeceğim için heyecanlıydım. Türkiye'nin kültürü ve tarihi her zaman **ilgimi çekmişti** ve şimdi nihayet bunu ilk elden deneyimleyebilecektim. Ailem ve ben İstanbul'a vardık ve şehrin güzelliği karşısında **hemen etkilendik.** İlk birkaç günümüzü çarpıcı mimarisinden **lezzetli** yemeklerine kadar İstanbul'un sunduğu her şeyi keşfederek geçirdik. Türkiye'deki üçüncü günümüzde İstanbul'un dışına çıkmaya ve **ülkenin** diğer bölgelerini keşfetmeye karar verdik. Bir araba kiralayıp Antalya'ya gittik ve burada sahilde dinlenerek birkaç gün geçirdik. Hava mükemmeldi ve orada geçirdiğimiz her dakikanın **tadını çıkardık.** Antalya'da birkaç gün geçirdikten sonra İstanbul'a doğru geri dönmeye başladık.

Yol boyunca Efes ve Truva da **dahil olmak üzere** birkaç **farklı** tarihi yerde durduk. Daha önce hakkında sadece bir şeyler okuduğum bu yerleri görmek inanılmazdı; yaşayan tarih kitaplarının hayata geçmesi gibiydi. Gezimiz çok erken sona erdi, ancak Türkiye'den ömür boyu sürecek harika anılarla (ve bolca fotoğrafla) ayrıldık. Sonunda Türkiye'yi ziyaret edebildiğim için çok heyecanlıydım. **Türk** kültürü ve

Un Américain en Turquie

C'était la première fois que je venais en Turquie et j'étais impatiente de découvrir le pays. J'avais toujours été **intéressée par** la culture et l'histoire de la Turquie, et j'allais enfin pouvoir en faire l'expérience directe. Ma famille et moi sommes arrivés à Istanbul et avons été **immédiatement** frappés par la beauté de la ville. Nous avons passé nos premiers jours à explorer tout ce qu'Istanbul avait à offrir, de l'architecture étonnante à la nourriture **délicieuse**. Lors de notre troisième jour en Turquie, nous avons décidé de nous aventurer hors d'Istanbul et d'explorer d'autres régions du **pays**. Nous avons loué une voiture et sommes allés jusqu'à Antalya, où nous avons passé quelques jours à nous détendre sur la plage. Le temps était parfait et nous avons **apprécié** chaque minute de notre séjour. Après quelques jours à Antalya, nous avons commencé à remonter vers Istanbul.

Nous nous sommes arrêtés à plusieurs sites historiques en cours de route, **dont** Éphèse et Troie. C'était incroyable de voir ces lieux dont je n'avais jamais entendu parler auparavant ; c'était comme si les livres d'histoire prenaient vie. Notre voyage s'est terminé

tarihi her zaman ilgimi çekmişti ve şimdi bunu ilk elden deneyimleyebilecektim. Ailem ve ben İstanbul'a vardık ve şehrin güzelliği karşısında **hemen etkilendik.**

İlk birkaç günümüzü **çarpıcı** mimarisinden lezzetli yemeklerine kadar İstanbul'un sunduğu her şeyi keşfederek geçirdik. Türkiye'deki üçüncü günümüzde İstanbul'un dışına çıkmaya ve ülkenin diğer bölgelerini keşfetmeye karar verdik. Bir araba kiraladık ve birkaç günümüzü dinlenerek geçirdiğimiz Antalya'ya gittik. Hava mükemmeldi ve orada geçirdiğimiz her dakikanın tadını çıkardık. Antalya'da birkaç gün geçirdikten sonra İstanbul'a doğru geri dönmeye başladık. Yol boyunca Efes ve Truva da dahil olmak üzere birkaç farklı **tarihi yerde** durduk. Daha önce sadece okumuş olduğum bu yerleri görmek inanılmazdı; yaşayan tarih kitaplarının hayata geçmesi gibi hissettim.

bien trop tôt, mais nous avons quitté la Turquie avec de merveilleux souvenirs (et de nombreuses photos) qui nous accompagneront toute notre vie. J'étais tellement excitée de pouvoir enfin visiter la Turquie. J'avais toujours été intéressée par la culture et l'histoire **turques**, et j'allais maintenant pouvoir en faire l'expérience directe. Ma famille et moi sommes arrivés à Istanbul et avons été **immédiatement** frappés par la beauté de la ville. Nous avons passé nos premiers jours à explorer tout ce qu'Istanbul avait à offrir, de l'architecture **étonnante** à la nourriture délicieuse. Lors de notre troisième jour en Turquie, nous avons décidé de nous aventurer hors d'Istanbul et d'explorer d'autres régions du pays. Nous avons loué une voiture et sommes allés jusqu'à Antalya, où nous avons passé quelques jours de détente. Le temps était parfait et nous avons apprécié chaque minute de notre séjour. Après quelques jours à Antalya, nous avons commencé à remonter vers Istanbul. Nous nous sommes arrêtés à plusieurs sites **historiques** différents en cours de route, dont Éphèse et Troie. C'était incroyable de voir ces endroits sur lesquels je n'avais lu que des articles auparavant ; c'était comme si les livres d'histoire prenaient vie.

Anlama Soruları

1. Yazarın İstanbul hakkındaki ilk izlenimi neydi?

2. Yazar Türkiye'deki üçüncü gününde ne yapmıştır?

3. Yazar Antalya'dan sonra nereye gitti?

4. Efes'i görünce yazarın tepkisi ne oldu?

5. Yazarın Türkiye'deki son gününde son durağı neresiydi?

6. Yazar neden seyahatlerini her zaman hatırlayacak?

7. Yazarın Türkiye'deki son gün için hedefi neydi?

8. Yazar Troya hakkında ne düşünüyor?

9. İstanbul'da şehrin ışıklarını canlandıran neydi?

Questions de compréhension

1. Quelle a été la première impression de l'auteur sur Istanbul ?

2. Qu'a fait l'auteur le troisième jour en Turquie ?

3. Où l'auteur est-il allé après Antalya ?

4. Quelle a été la réaction de l'auteur en voyant Éphèse ?

5. Quel a été le dernier arrêt de l'auteur lors de son dernier jour en Turquie ?

6. Pourquoi l'auteur gardera-t-il toujours en mémoire son voyage ?

7. Quel était l'objectif de l'auteur pour le dernier jour en Turquie ?

8. Que pense l'auteur de Troie ?

9. Qu'est-ce qui a permis aux lumières de la ville de s'animer à Istanbul ?

Kapadokya'nın Harikaları

Güneş ufukta batıyordu ve ışığın son huzmeleri Kapadokya **antik** kentinin üzerinde parlıyordu. Şehir, uçsuz bucaksız bir çölün ortasında yüksek bir plato üzerine kurulmuştu. **Yüzyıllar** boyunca savaştan ya da zulümden kaçan insanların sığındığı bir yer olmuş. Şimdi ise bir turizm **merkezi** ve dünyanın dört bir yanından insanlar eşsiz manzarasını görmek için geliyor. Şehir, dev eller tarafından oyulmuş gibi görünen garip kaya oluşumlarıyla doluydu. Hatta bazıları **oyulmuş** ve ev ya da kilise olarak kullanılmış. Ayrıca ilk yerleşimciler tarafından düşman saldırılarından kaçmak için kazılmış yeraltı şehirleri de vardı. Şehrin dört bir yanında, gökyüzünde süzülen sıcak hava **balonları** ziyaretçilere bu muhteşem yerin kuşbakışı manzarasını sunuyordu. Gece çöktüğünde, balonlardan gelen ışıklar tüm şehri **aydınlatarak bir** peri masalından çıkmış gibi görünmesini sağlıyordu.

 Gece çöktüğünde balonların ışıkları tüm şehri aydınlatarak bir peri masalından çıkmış gibi görünmesini sağladı. Sokaklar boştu ve havada bir huzur hissi vardı. **Birden büyük** bir gürültü koptu ve yer sallanmaya başladı. Yerde oluşan devasa çatlakları

Merveilles de la Cappadoce

Le soleil se couchait à l'horizon, et les derniers rayons de lumière éclairaient la cité **antique** de Cappadoce. La ville a été construite sur un haut plateau au milieu d'un vaste désert. Pendant **des siècles,** elle a été un lieu de refuge pour les personnes fuyant la guerre ou les persécutions. Aujourd'hui, c'est une **destination** touristique, et les gens viennent du monde entier pour voir son paysage unique. La ville est pleine d'étranges formations rocheuses qui semblent avoir été sculptées par des mains géantes. Certaines d'entre elles ont même été **creusées** et utilisées comme maisons ou églises. Il y avait aussi des villes souterraines qui avaient été creusées par les premiers colons pour échapper aux attaques ennemies. Tout autour de la ville, des **montgolfières** flottaient dans le ciel, offrant aux visiteurs une vue à vol d'oiseau de ce lieu étonnant. À la nuit tombée, les lumières des montgolfières **illuminaient** toute la ville, la faisant ressembler à un conte de fées.

À la nuit tombée, les lumières des ballons ont illuminé toute la ville, la faisant ressembler à un conte de fées. Les rues étaient vides et il y avait un sentiment de paix

gören insanlar panik içinde evlerinden dışarı koşmaya başladılar. Bazıları toprak tarafından yutuldu, diğerleri ise düşen kayalar tarafından ezildi. Şehir bir depremle yerle bir oluyordu ama mucizevi bir şekilde hiçbir insan zarar görmedi. Hepsi orada durmuş, evlerinin ve **geçim kaynaklarının** gözlerinin önünde parçalanışını izliyordu. Şafak sökerken, hayatta kalanlar hasarı değerlendirmeye başladı. Binaların çoğu yıkılmıştı ama neyse ki hiç can kaybı olmamıştı. Gidecek başka yerleri olmadığı için evlerini ve işyerlerini yeniden inşa etmeye karar verdiler. Bu uzun bir süreç olacaktı ama **Kapadokya'yı** yeniden kalkındırmaya **kararlıydılar.** Ve böylece, sıkı çalışma ve kararlılıkla, şehir yavaş yavaş küllerinden doğmaya başladı. Birkaç yıl sonra Kapadokya yeniden gelişen bir şehir oldu.

dans l'air. **Soudain, il y a** eu un grand bruit et le sol a commencé à trembler. Les gens sont sortis de chez eux en courant, paniqués, en voyant d'énormes fissures apparaître dans le sol. Certains d'entre eux ont été engloutis par la terre, d'autres ont été écrasés par des chutes de pierres. La ville était en train d'être **détruite** par un tremblement de terre mais, miraculeusement, aucun des habitants n'était blessé. Ils sont tous restés là à regarder leurs maisons et leurs **moyens de subsistance** s'effondrer sous leurs yeux. À l'aube, les survivants ont commencé à évaluer les dégâts. La plupart des bâtiments avaient été détruits, mais heureusement, aucune vie n'avait été perdue. **N'ayant nulle part où aller**, ils ont décidé de reconstruire leurs maisons et leurs entreprises. Ce sera un long processus, mais ils sont **déterminés à faire** prospérer la **Cappadoce** une fois de plus. C'est ainsi qu'à force de travail et de détermination, la ville a commencé à renaître lentement de ses cendres. Quelques années plus tard, la Cappadoce était à nouveau une ville prospère.

Anlama Soruları

1. Kapadokya şehri neyin üzerine kurulmuştur?

2. Kapadokya tarih boyunca ne için kullanılmıştır?

3. İnsanlar Kapadokya'da neleri görmek için dünyanın dört bir yanından geliyor?

4. Kapadokya'nın benzersiz özelliklerinden bazıları nelerdir?

5. Kapadokya şehri geceleri nasıldır?

6. Deprem olduğunda Kapadokya'ya ne oldu?

7. Kapadokya halkı yıkıma nasıl tepki gösterdi?

8. Kapadokya halkı kentlerini yeniden inşa etmek için ne yaptı?

9. Patlamadan birkaç yıl sonra Kapadokya nasıl bir yerdi?

Questions de compréhension

1. Sur quoi la ville de Cappadoce est-elle construite ?

2. À quoi a servi la Cappadoce au cours de l'histoire ?

3. Qu'est-ce que les gens viennent du monde entier pour voir en Cappadoce ?

4. Quelles sont les caractéristiques uniques de la Cappadoce ?

5. À quoi ressemble la ville de Cappadoce la nuit ?

6. Qu'est-il arrivé à la Cappadoce lorsqu'un tremblement de terre a frappé ?

7. Comment les habitants de la Cappadoce ont-ils réagi à cette destruction ?

8. Qu'ont fait les habitants de la Cappadoce pour reconstruire leur ville ?

9. A quoi ressemblait la Cappadoce quelques années après l'éruption ?

Efes

Efes bir zamanlar hayat ve faaliyet dolu, hareketli bir şehirdi. Ama şimdi hayalet bir şehir. Duyulabilen tek ses, **boş** sokaklarda esen rüzgâr. Sanki şehir zaman içinde **donmuş gibi.** Efes'e tam olarak ne olduğunu kimse bilmiyor. Bir gün öylece yok oldu. İnsanlar, binalar, her şey iz bırakmadan ortadan kayboldu. Bazıları kentin öfkeli bir tanrı tarafından lanetlendiğini, bazıları ise yeryüzü tarafından yutulduğunu söylüyor. **Her ne olduysa,** Efes artık bir anıdan başka bir şey değil. Ancak kentin yok olmadığını söyleyenler de var. Onu rüyalarında ya da gözlerinin ucuyla gördüklerini **iddia** ediyorlar.

Kimse nerede olduğundan ya da oraya nasıl gidileceğinden emin olmasa da hâlâ hayat dolu bir şehir. Bazıları paralel bir dünya olduğunu söylerken, diğerleri başka bir boyut olduğunu söylüyor. Ancak Efes her ne ise, **insanlar** ona çekilmekten kendilerini alamıyorlar. Sonuçta, kayıp bir şehirden daha ilgi çekici ne olabilir? **Efes'e** ne olduğunu kimse kesin olarak bilmiyor. Ama bu insanları onu aramaktan alıkoymuyor. Belki bir gün birileri cevabı bulacak ve nihayet bu kayıp şehrin gizemini çözecektir. Sofia da Efes'e ilgi duyan insanlardan biriydi. Şehir ve gizemi onu her zaman büyülemişti. Bu yüzden şehri bulduklarını iddia eden

Ephèse

Ephèse était autrefois une ville animée, pleine de vie et d'activité. Mais maintenant, c'est une ville fantôme. Le seul son que l'on peut entendre est le vent qui souffle dans les rues **vides**. C'est comme si la ville avait été **figée** dans le temps. Personne ne sait exactement ce qui est arrivé à Ephèse. Un jour, elle a tout simplement disparu. Les gens, les bâtiments, tout a disparu sans laisser de trace. Certains disent que la ville a été maudite par un dieu en colère, d'autres qu'elle a été engloutie par la terre elle-même. **Quoi qu'il** en **soit**, Éphèse n'est plus qu'un souvenir. Mais il y a ceux qui disent que la ville n'a pas disparu. Ils **affirment** l'avoir vue, dans leurs rêves ou au coin de leurs yeux.

Une ville qui grouille encore de vie, même si personne ne sait exactement où elle se trouve ni comment s'y rendre. Certains disent que c'est un monde parallèle, d'autres qu'il s'agit d'une autre dimension. Mais quelle que soit la nature d'Ephèse, les **gens ne peuvent** s'empêcher d'être attirés par elle. Après tout, quoi de plus intriguant qu'une ville perdue ? Personne ne sait avec certitude ce qui est arrivé à **Ephèse**. Mais cela n'empêche pas les gens de la rechercher. Peut-être qu'un jour, quelqu'un trouvera la réponse et résoudra enfin le mystère de cette ville perdue. Sofia faisait partie

bir grup insan olduğunu duyduğunda onlara katılmakta **tereddüt etmedi.** Grup Simon adında bir adam tarafından yönetiliyordu.

Şehri rüyasında gördüğünü ve onu nasıl bulacağını bildiğini söyledi. Sofia ve diğerleri, kendilerini bu kayıp şehre götüreceğine güvenerek onu çöle kadar takip ettiler. Günlerce **yürüdükten** sonra, hiçliğin ortasında garip bir kapıya rastladılar. Simon bunun **Efes'in** girişi olduğunu söyledi. Herkes bir an tereddüt etti, bunu yapıp yapmamaları gerektiğinden emin değillerdi. Ama sonra Sofia bir **adım** öne çıktı ve kapıyı açtı. Sofia kapıdan içeri adımını atar atmaz bir şeylerin yolunda gitmediğini anladı. Diğerleri **tereddütle** onu takip etti ama diğer tarafta ne olduğunu gördüklerinde hepsi durdu. Boş bir arazinin önünde duruyorlardı. Orada kum ve kayalardan başka bir şey yoktu. Herhangi bir yaşam belirtisi yoktu. Hepsi Simon'a bakmak için döndüler ama o sadece bilerek gülümsedi. "Size söylemiştim," dedi, "Efes yok oldu."

de ces personnes qui étaient attirées par Ephèse. Elle a toujours été fascinée par la ville et son mystère. Aussi, lorsqu'elle a entendu parler d'un groupe de personnes qui prétendaient l'avoir trouvée, elle n'a pas **hésité à** les rejoindre. Le groupe était dirigé par un homme nommé Simon.

Il a dit qu'il avait vu la ville dans ses rêves et qu'il savait comment la trouver. Sofia et les autres l'ont suivi dans le désert, lui faisant confiance pour les conduire à cette ville perdue. Après des jours de **marche**, ils sont tombés sur une étrange porte au milieu de nulle part. Simon a dit que c'était l'entrée d'**Ephèse**. Tout le monde a hésité pendant un moment, ne sachant pas s'ils devaient aller jusqu'au bout ou non. Mais Sofia **s'est** avancée et a ouvert la porte. Dès que Sofia a franchi la porte, elle a su que quelque chose n'allait pas. Les autres l'ont suivie **avec hésitation**, mais ils se sont tous arrêtés lorsqu'ils ont vu ce qui se trouvait de l'autre côté. Ils se trouvaient devant un terrain vague. Il n'y avait rien d'autre que du sable et des rochers. Aucun signe de vie. Ils se sont tous tournés vers Simon, mais il a souri d'un air entendu. "Je vous l'avais dit", a-t-il dit, "Ephèse a disparu".

Anlama Soruları

1. Metnin ana fikri nedir?

2. Efes'e ne oldu?

3. Sofia kimdi?

4. Sofia'nın katıldığı gruba kim liderlik etti?

5. Simun Efes hakkında ne söyledi?

6. Kapının diğer tarafında ne vardı?

7. Grup diğer tarafı gördüğünde nasıl tepki verdi?

8. Simun kendisine döndüklerinde ne dedi?

9. İnsanlar Efes hakkında ne diyor?

10. Kayıp şehrin gizemi nedir?

Questions de compréhension

1. Quelle est l'idée principale du texte ?

2. Qu'est-il arrivé à Éphèse ?

3. Qui était Sofia ?

4. Qui dirigeait le groupe que Sofia a rejoint ?

5. Qu'a dit Simon à propos d'Ephèse ?

6. Qu'y avait-il de l'autre côté de la porte ?

7. Comment le groupe a-t-il réagi lorsqu'il a vu l'autre côté ?

8. Qu'a dit Simon quand ils se sont tournés vers lui ?

9. Que disent les gens d'Éphèse ?

10. Quel est le mystère de la cité perdue ?

Pamukkale

Pamukkale'ye tam olarak ne **olduğunu** kimse bilmiyor. Bir gün herkes kalktı ve gitti. Bazıları şehrin etrafında meydana gelen garip olaylardan korktuklarını söylüyor. Diğerleri ise daha kötü bir şeyin meydana geldiğini ve insanları uzaklaştıran şeyin evlerini ve **geçim kaynaklarını** da yok ettiğini iddia ediyor. Kimse kesin olarak bilmiyor, ancak **Pamukkale bugüne** kadar terk edilmiş durumda. Ancak Pamukkale'yi hala sevgiyle hatırlayanlar ve eski görkemli günlerine dönmesini özleyenler var. Bu insanlardan biri de Hasan.

Pamukkale'de doğup büyüdü ve burası onun gerçekten evim dediği tek yer. Herkes gittiğinde Hasan geride kaldı. Ne kadar ürkütücü ve boş hale gelmiş olursa olsun, sevgili şehrini terk etmeyi reddetti. Hasan günlerini Pamukkale sokaklarında dolaşarak, eski **anılarını** yeniden yaşayarak geçiriyor. Her şey hala normalmiş, şehir sadece mola vermiş ve yakında tekrar eski yoğun haline dönecekmiş gibi **davranmayı** seviyor. Bir bakıma Hasan bir hayal dünyasında yaşamaktadır, ama bu gerçekle yüzleşmekten daha iyidir. Ancak bir gün, **terk edilmiş** binalardan birinden gelen garip sesler duyduğunda Hasan'ın pastoral balonu patlar. Sanki içeride **biri** ya da bir şey hareket etmektedir. Pamukkale'de hâlâ yaşayan başka bir insan olabilir

Pamukkale

Personne ne sait exactement ce qui **est arrivé** à Pamukkale. Un jour, tout le monde s'est levé et est parti. Certains disent qu'ils ont été effrayés par des phénomènes étranges qui se sont produits dans la ville. D'autres prétendent que quelque chose de plus sinistre s'est produit, et que ce qui a fait fuir les gens a égalemôt détruit leurs maisons et leurs **moyens de subsistance**. Personne ne peut en être sûr, mais **Pamukkale** reste abandonnée à ce jour. Mais il y a ceux qui se souviennent encore de Pamukkale avec tendresse et qui souhaitent qu'elle retrouve ses jours de gloire. Hasan est l'une de ces personnes.

Il est né et a grandi à Pamukkale, et c'est le seul endroit qu'il a jamais vraiment appelé chez lui. Quand tout le monde est parti, Hasan est resté. Il a refusé d'abandonner sa ville bien-aimée, même si elle était devenue étrange et vide. Hasan passe ses journées à marcher dans les rues de Pamukkale, à revivre de vieux **souvenirs**. Il aime **prétendre** que tout est normal, que la ville fait juste une pause et qu'elle va bientôt redevenir active. D'une certaine manière, Hasan vit dans un monde de rêve, mais c'est mieux que d'affronter la réalité. Mais un jour, la bulle idyllique d'Hasan éclate lorsqu'il entend des bruits étranges

mi? Ya da daha kötü bir şey olabilir mi? Merakla (ve biraz da korkuyla) binaya yaklaşır Hasan. Kırık bir pencereden içeri bakar ve gördükleri onu **şok eder:** İçeride **koşuşturan** yaratıklar vardır! Küçük, tüylü ve uzun kuyruklu yaratıklar; fareler! Hayatında daha önce hiç bu kadar çok fare görmemiştir! Ve sadece bu binada değil, Pamukkale'nin **her yerinde varlarmış gibi** görünüyorlar! Onları buraya böyle toplu halde ne getirmiş olabilir?

Her zaman burada değillerdi, değil mi? İçine huzursuz bir his yerleşirken, belki de -sadece belki de- yıllar önce **herkesi Pamukkale'd**en uzaklaştıran şeyin bu fareler olduğunu fark eder. Fareler Pamukkale'yi ele geçirmiştir. Hasan şehirde kalan tek insandır ve daha ne kadar dayanabileceğinden emin değildir. Kemirgenlerden saklanmak için elinden geleni yapıyor ama onlar her yerde gibi görünüyor. Tüm binaları ve evleri yok etmişler, geride molozdan başka bir şey bırakmamışlardır. Ve Hasan, onu bulurlarsa onu da öldüreceklerini biliyor. Haftalardır derme çatma bir barınakta yaşıyor ve bulabildiği yiyeceklerle zar zor **hayatta kalmaya çalışıyor.**

provenant d'un des bâtiments **abandonnés**. On dirait que **quelqu'un** ou quelque chose se déplace à l'intérieur. Se pourrait-il qu'une autre personne vive encore à Pamukkale ? Ou pourrait-il s'agir de quelque chose de plus sinistre ? Curieux (et un peu effrayé), Hasan s'approche prudemment du bâtiment. Il jette un coup d'oeil à l'intérieur par une fenêtre cassée, et ce qu'il voit le **choque** : Des créatures **s'agitent à l'intérieur** ! Elles sont petites et poilues, avec de longues queues : des rats ! Il n'a jamais vu autant de rats de toute sa vie ! Et ils semblent être **partout**, pas seulement dans ce bâtiment, mais dans tout Pamukkale ! Qu'est-ce qui a bien pu les amener ici en masse comme ça ?

Ils n'ont sûrement pas toujours été là... non ? Alors qu'un sentiment de malaise s'installe en lui, il réalise que peut-être - juste peut-être - ces rats sont responsables d'avoir chassé **tout le monde** de **Pamukkale** il y a toutes ces années. Les rats ont pris le contrôle de Pamukkale. Hasan est le seul humain restant dans la ville, et il ne sait pas combien de temps il pourra encore tenir. Il fait de son mieux pour rester caché des rongeurs, mais ils semblent être partout. Ils ont détruit tous les bâtiments et les maisons, ne laissant que des décombres derrière eux. Et Hasan sait que s'ils le trouvent, ils le tueront aussi. Il vit dans un abri de fortune depuis des semaines maintenant, **survivant** à peine avec la nourriture qu'il peut trouver.

Anlama Soruları

1. Metnin ana fikri nedir?

2. Pamukkale'ye ne oldu?

3. Hasan kimdir?

4. Hasan Pamukkale'de ne yapıyor?

5. Neden herkes Pamukkale'yi terk etti?

6. Hasan terk edilmiş binada ne görüyor?

7. Pamukkale'de farelerin ne işi var?

8. Hasan ne kadar süredir sığınma evinde yaşıyor?

9. Hasan nasıl hayatta kalıyor?

10. Fareler Hasan'ı bulursa ona ne olacak?

Questions de compréhension

1. Quelle est l'idée principale du texte ?

2. Qu'est-il arrivé à Pamukkale ?

3. Qui est Hasan ?

4. Que fait Hasan à Pamukkale ?

5. Pourquoi tout le monde a quitté Pamukkale ?

6. Que voit Hasan dans le bâtiment abandonné ?

7. Que font les rats à Pamukkale ?

8. Depuis combien de temps Hasan vit-il dans son refuge ?

9. Comment Hasan survit-il ?

10. Que va-t-il arriver à Hasan si les rats le trouvent ?

İzmir

İzmir bir zamanlar hayat ve enerji dolu, hareketli bir şehirdi. Ancak şimdi, eski halinin bir gölgesi. Sokaklar boş, dükkanlar tahtalarla kapatılmış ve duyulabilecek tek ses **terk edilmiş** binaların arasından ıslık çalarak geçen rüzgar. Sanki buradaki hayat emilmiş gibi. Ama İzmir'i hâlâ evi olarak gören bir **kişi var:** Aysel adında genç bir **kadın.** Aysel İzmir'de doğmuş ve başka bir ev tanımamış. Şehir gerilemeye başladığında bile ayrılmayı reddetti. İzmir'in potansiyeli olduğunu biliyor; sadece buna inanacak birine ihtiyacı var. Ve o kişi olmaya kararlı. Günlerini sokaklarda dolaşarak, çöpleri temizleyerek ve şehirde kalan az sayıdaki insanla konuşarak **geçiriyor.** Onlara İzmir'in geleceğine dair planlarını anlatıyor: sokakların yeniden hayatla dolduğu, **işletmelerin** geliştiği ve insanların burayı evleri olarak görmekten gurur duyduğu bir gelecek. Aysel yavaş ama emin adımlarla İzmir'e yeni bir hayat getirmeye **başlıyor.** Ve bir gün, kentinin yeniden gelişeceğini biliyor.

Aysel her gün yaptığı gibi İzmir sokaklarında dolaşıyordu. Her ne kadar düşüşte olsa da şehrini seviyordu. Ama ondan vazgeçmeyi **reddediyordu;** İzmir'in **potansiyeli olduğunu** biliyordu. Ve şehre yeni bir hayat getirecek kişi olmaya kararlıydı. Aysel yürürken

Izmir

Izmir était autrefois une ville animée, pleine de vie et d'énergie. Mais aujourd'hui, elle n'est plus que l'ombre d'elle-même. Les rues sont vides, les magasins sont fermés, et le seul bruit que l'on entend est celui du vent qui siffle dans les bâtiments **abandonnés**. C'est comme si la vie avait été aspirée de cet endroit. Mais il y a une **personne** qui se sent encore chez elle à Izmir : une jeune **femme** nommée Aysel. Aysel est née à Izmir, et elle n'a jamais connu d'autre maison. Même lorsque la ville a commencé à décliner, elle a refusé de partir. Elle sait qu'Izmir a du potentiel ; il faut juste que quelqu'un y croie. Et elle est déterminée à être cette personne. Elle **passe ses** journées à marcher dans les rues, à nettoyer les déchets et à parler aux quelques personnes qui restent encore dans la ville. Elle leur parle de ses projets pour l'avenir d'Izmir : un avenir où les rues sont à nouveau pleines de vie, où les **entreprises** prospèrent et où les gens sont fiers de se sentir chez eux. Lentement mais sûrement, Aysel **commence à** redonner vie à Izmir. Et un jour, elle sait que sa ville sera à nouveau florissante.

Aysel se promenait dans les rues d'Izmir, comme elle le faisait tous les jours. Elle aimait sa ville, même si elle était en déclin. Mais elle **refusait d'**y renoncer,

garip bir şey fark etti: Sokakta insanlar dolaşıyordu! Bu alışılmadık bir durumdu; normalde sokaklar bomboştu. İçlerinden birine yaklaştı ve neler olduğunu sordu. O kişi ona, birilerinin sokağın aşağısındaki **terk edilmiş** dükkanlardan birinde bedava yemek dağıttığına dair bir söylenti dolaştığını söyledi. Aysel onlara teşekkür etti ve gösterdikleri yöne doğru aceleyle ilerledi.

Dükkâna **vardığında** dışarıda uzun bir kuyruk oluştuğunu gördü. İlk başta bunun o kadar da iyi bir fikir olmadığını düşündü; herkese yetecek kadar yiyecek olmayacağı kesin miydi? Ama sonra **herkesin** ne kadar mutlu göründüğünü, bedava yemek için sıralarını beklerken birbirleriyle sohbet edip gülüştüklerini gördü. Şehrindeki yabancılar arasında böyle bir dostluk görmek kalbini ısıttı - uzun zamandır görülmemiş bir şeydi bu. Belki de İzmir'in ihtiyacı olan şey tam da budur, diye düşündü, insanların bir araya gelip birbirleriyle **bağlantı kurmaları** için daha fazla **fırsat**. Ücretsiz yemek dağıtımı büyük bir başarıydı ve İzmir şehrine yeni bir hayat getirdi. İnsanlar sokaklardaydı, birbirleriyle konuşuyor ve gülüyorlardı. **Atmosfer** elektrikliydi; havada bir umut duygusu vardı.

elle savait qu'Izmir avait **du potentiel**. Et elle était déterminée à être celle qui redonnerait vie à la ville. Alors qu'Aysel marchait, elle a remarqué quelque chose d'étrange : il y avait des gens qui s'agitaient dans la rue ! C'était inhabituel ; normalement les rues étaient vides. Elle s'approche de l'un d'eux et lui demande ce qui **se passe**. La personne lui dit qu'il y avait une rumeur selon laquelle quelqu'un donnait de la nourriture gratuite dans l'un des magasins **abandonnés de la** rue. Aysel les a remerciés et s'est précipitée dans la direction qu'ils lui ont indiquée.

Elle **est arrivée** au magasin pour trouver une longue file d'attente déjà formée à l'extérieur. Au début, elle s'est dit que ce n'était peut-être pas une si bonne idée que ça, qu'il n'y aurait pas assez de nourriture pour tout le monde ? Mais elle a vu combien **tout le monde avait** l'air heureux, discutant et riant entre eux en attendant leur tour pour de la nourriture gratuite. Cela lui a fait chaud au cœur de voir une telle camaraderie entre étrangers dans sa ville, ce qu'elle n'avait pas vu depuis longtemps. C'est peut-être exactement ce dont Izmir a besoin, a-t-elle pensé, plus d'**occasions** pour les gens de se réunir et d'**entrer en contact les uns avec les autres**. La distribution gratuite de nourriture a été un énorme succès et a apporté une nouvelle vie à la ville d'Izmir. Les gens étaient dans la rue, discutant et riant les uns avec les autres. L'**atmosphère** était électrique, il y avait un sentiment d'espoir dans l'air.

Anlama Soruları

1. Kahramanın adı nedir?

2. İzmir nerede yer almaktadır?

3. Aysel'in İzmir'de kalma motivasyonu neydi?

4. Aysel sokakta dolaşan insanları gördüğünde ne hissetti?

5. Ücretsiz yemek dağıtımı neden başarılı oldu?

6. Dünya Savaşı'ndan sonra atmosfer nasıl değişti? bedava yemek eşantiyonu?

7. Aysel İzmir'de neyin eksik olduğunu düşünüyordu?

8. Aysel şehrinin yeniden hayata dönmesi hakkında ne hissetti?

9. Sizce öykünün teması nedir?

10. Aysel'in görevinde başarılı olacağını düşünüyor musunuz? Neden ya da neden olmasın?

Questions de compréhension

1. Quel est le nom du protagoniste ?

2. Où se trouve Izmir ?

3. Quelle était la motivation d'Aysel pour rester à Izmir ?

4. Comment s'est sentie Aysel quand elle a vu les gens s'agiter dans la rue ?

5. Pourquoi la distribution de nourriture gratuite a-t-elle été un succès ?

6. Comment l'atmosphère a-t-elle changé après le un don de nourriture gratuite ?

7. Qu'est-ce qui manquait à Izmir, selon Aysel ?

8. Comment Aysel a-t-elle ressenti le retour à la vie de sa ville ?

9. Selon vous, quel est le thème de l'histoire ?

10. Pensez-vous qu'Aysel réussira dans sa mission ? Pourquoi ou pourquoi pas ?

Antalya

Güneş Antalya şehrinin üzerinde batıyordu ve ışığın
son huzmeleri antik kalıntıların üzerinde parlıyordu.
Şehir bir zamanlar büyük bir **ticaret** merkeziydi
ama şimdi eski halinin bir gölgesiydi. Ancak çöküş
döneminde bile Antalya'nın hala belli bir cazibesi vardı.
Gece çöktüğünde **sokaklar** ıssızlaştı ve binaların
pencerelerinde sadece birkaç ışık görülebiliyordu.
Sanki herkes erkenden yatmış gibiydi. Ancak henüz
uyumaktan **memnun** olmayanlar da vardı.

Şehrin bir bölümünde, iki figür bir ara sokaktan
çıktı ve ana caddelerden birine doğru ilerlemeye
başladı. Sanki gitmeleri gereken bir yer varmış
gibi hızlı ve amaçlı yürüyorlardı. Ve gerçekten de
gidecekleri bir **yer vardı** - cadde boyunca sıralanmış
terk edilmiş depolardan birine gireceklerdi. John ve
Jane olarak adlandıracağımız iki kişi bu soygunu
haftalardır planlıyordu. Hedef yeri keşfetmişlerdi ve
endişelenecekleri bir **güvenlik** görevlisi ya da kamera
olmayacağını biliyorlardı. Dikkat etmeleri gereken
tek şey yoldan geçenlerin onları görüp polise ihbar
etmesiydi. Ancak John ve Jane **profesyoneldi** ve bu
gibi durumlarda kendilerini nasıl idare edeceklerini
biliyorlardı. Hızla **deponun** kapısına doğru ilerlediler
ve levyeyle kapıyı zorlayarak açtılar. İçeri girdiklerinde,

Antalya

Le soleil se couchait sur la ville d'Antalya, et les derniers rayons de lumière éclairaient les ruines antiques. La ville était autrefois un grand centre d'échanges et de **commerce**, mais elle n'était plus que l'ombre d'elle-même. Mais même dans son déclin, Antalya avait toujours un certain charme. À la tombée de la nuit, les **rues** sont devenues désertes et seules quelques lumières étaient visibles aux fenêtres des bâtiments. C'était comme si tout le monde était allé se coucher tôt. Mais certains n'étaient pas encore **satisfaits de** dormir.

Dans un quartier de la ville, deux silhouettes sortent d'une ruelle et commencent à descendre l'une des rues principales. Ils marchaient rapidement et avec détermination, comme s'ils avaient un endroit où aller. Et en effet, ils avaient **quelque part** où aller - ils allaient pénétrer dans l'un des entrepôts abandonnés qui bordaient la rue. Les deux personnages, que nous appellerons John et Jane, avaient préparé ce casse depuis des semaines. Ils avaient repéré l'endroit cible et savaient qu'il n'y aurait pas de gardes de **sécurité** ou de caméras à craindre. La seule chose dont ils devaient se méfier, c'était des passants qui pourraient les voir et les dénoncer à la police.

aradıkları şeyi bulana kadar karanlıkta gezinmek için el fenerlerini kullandılar - değerli mallarla dolu bir sandık yığını.

Sırt çantalarına taşıyabilecekleri kadar **yük yüklemeye** başlamışlardı ki aniden deponun dışından sesler duydular. John ve Jane oldukları yerde donup kaldılar ve seslerin onları **depoya** girerken görmüş olabilecek birine ait olup olmadığını anlamak için dikkatle dinlediler. Ancak birkaç dakikalık sessizlikten sonra, dışarıdaki kişinin **depoya** gelmediği anlaşıldı. Bunun yerine, kapının hemen dışında birileri bir tür ekipman kuruyor gibiydi. "Bu insanlar dışarıda ne yapıyor?" diye fısıldadı Jane endişeyle. "Bilmiyorum ama onlar bizi bulmadan önce buradan çıkmamız gerek!" diye yanıtladı John aceleyle.

Mais John et Jane étaient des **professionnels**, et ils savaient comment se comporter dans ces situations. Ils se sont rapidement dirigés vers la porte de l'**entrepôt** et l'ont ouverte à l'aide d'un pied de biche. Une fois à l'intérieur, ils ont utilisé leurs lampes de poche pour naviguer dans l'obscurité jusqu'à ce qu'ils trouvent ce qu'ils cherchaient - une pile de caisses remplies de marchandises de valeur.

Ils ont commencé à **charger** leurs sacs à dos avec tout ce qu'ils pouvaient porter, quand soudain ils ont entendu des voix à l'extérieur de l'entrepôt. John et Jane se sont figés sur place, écoutant attentivement pour voir si les voix appartenaient à quelqu'un qui aurait pu les voir entrer dans l'**entrepôt**. Mais après quelques instants de silence, il est devenu clair que la personne qui était à l'extérieur n'entrait pas dans l'**entrepôt**. Au lieu de cela, il semblait que quelqu'un installait une sorte d'équipement juste à l'extérieur de la porte. "Que font ces gens dehors ?" chuchote Jane nerveusement. "Je ne sais pas, mais nous devons sortir d'ici avant qu'ils ne nous trouvent !" répondit John de manière urgente.

Anlama Soruları

1. Antalya şehri nedir?

2. Antalya şehri bir zamanlar neyin büyük merkeziydi?

3. Antalya şehri şimdi eski halinin gölgesi midir?

4. Antalya şehri hala neye sahip?

5. Antalya şehrine geceleri ne olur?

6. Ara sokaktan kim çıktı?

7. İki figür ne yapıyordu?

8. John ve Jane neye dikkat etmek zorundaydı?

9. John ve Jane depoda ne buldular?

10. John ve Jane neden depoda mahsur kalmışlardı?

Questions de compréhension

1. Quelle est la ville d'Antalya ?

2. De quoi la ville d'Antalya était-elle autrefois un grand centre ?

3. Pourquoi la ville d'Antalya n'est-elle plus que l'ombre d'elle-même ?

4. Que possède encore la ville d'Antalya ?

5. Que se passe-t-il dans la ville d'Antalya la nuit ?

6. Qui a émergé de la ruelle ?

7. Que faisaient les deux personnages ?

8. De quoi John et Jane devaient-ils se méfier ?

9. Qu'ont trouvé John et Jane dans l'entrepôt ?

10. Pourquoi John et Jane ont-ils été piégés dans l'entrepôt ?

Sahilde

Gün doğumundan sonra dalgalar daha gürültülüdür ve gelgitin üstündeki kum bembeyazdır. Denizi ve güneşi **hayranlıkla seyrederek** sahile doğru yürüyorum. Ayak parmaklarım deniz kabuklarının oluklarını hissediyor. Kum ayak parmaklarımda soğuk. Gülümsüyorum ve devam ediyorum. Gelgit yüksek, bu yüzden çekilmemek için dikkatli olmalıyım. Suyun kenarı boyunca yürüyorum, denize hayranlıkla bakıyorum. Gün doğumu çok **güzel** ve dalgalar çarpıyor. Kendimi çok huzurlu hissediyorum. Bir kaya çıkıntısının olduğu bir noktaya geliyorum. Oturup dalgaları izliyorum. Su çok mavi ve gökyüzü çok **turuncu**. Bir rüyadaymışım gibi hissediyorum. Gözlerimi kapatıyorum ve sadece dalgaları dinliyorum. Orada uzun süre oturdum, ta ki birinin adımı söylediğini duyana kadar.

Gözlerimi açıyorum ve annemin bana doğru yürüdüğünü görüyorum. Yüzünde endişeli bir ifade vardı. Gülümseyip el sallıyorum ve o da **rahatlıyor**. "Nereye gittiğini merak ediyordum," diyor. "Plajın tadını çıkarmana sevindim." "Öyleyim" diye cevap veriyorum. "Burası çok güzel." "Biliyorum," diyor. "Ben de senin yaşındayken hep buraya gelirdim." "Gerçekten mi?" diye soruyorum. "Evet," diye yanıtlıyor. "Burası özel bir yer." "Burada hiç özel biriyle tanıştın mı?" diye soruyorum. "Tanıştım," diye yanıtlıyor gülümseyerek. "Babanla." "Gerçekten mi?" **Şaşırarak** söylüyorum. "Evet,"

A la plage

Après le lever du soleil, les vagues sont plus fortes et le sable au-dessus de la marée est blanc. Je marche jusqu'à la plage, **admirant** la mer et le soleil. Mes orteils sentent les rainures des coquillages. Le sable est froid sur mes orteils. Je souris et je continue. La marée est haute, alors je dois faire attention à ne pas me laisser entraîner. Je marche le long du bord de l'eau, en admirant la mer. Le lever du soleil est **magnifique**, et les vagues s'écrasent. Je me sens si paisible. J'arrive à un endroit où il y a un affleurement rocheux. Je m'assieds et je regarde les vagues. L'eau est si bleue et le ciel est si **orange**. J'ai l'impression d'être dans un rêve. Je ferme les yeux et je me contente d'écouter les vagues. Je suis restée assise pendant un long moment, jusqu'à ce que j'entende quelqu'un m'appeler.

J'ouvre les yeux et je vois ma mère marcher vers moi. Elle a un air inquiet sur le visage. Je souris et je lui fais signe, et elle **se détend**. "Je me demandais où tu étais allée", dit-elle. "Je suis contente que tu profites de la plage." Je réponds : "J'en profite." "C'est tellement beau ici." "Je sais", dit-elle. "Je venais ici tout le temps quand j'avais ton âge." "Vraiment ?" Je demande. "Ouais", répond-elle. "C'est un endroit spécial." "As-tu déjà rencontré quelqu'un de spécial ici ?" Je demande. "Oui", répond-elle avec un sourire. "Ton père." "Vraiment ?" Je dis, **surpris**. "Oui," dit-elle. "Nous avions l'habitude

diyor. "Buraya her zaman birlikte gelirdik. Burası aşık olduğumuz yer. " Gülümsüyorum, annemle babamın bu güzel kumsalda aşık olduklarını **hayal ediyorum.** "Burası özel bir yer," diye tekrarlıyor. "Bugün buraya gelmenize sevindim."

Bir süre daha orada oturup dalgaları ve gün batımını **seyrediyoruz.** Sonra kalkıp plaj havlularımıza geri dönüyoruz. Uzanıyorum ve yıldızlara bakıyorum. Çok mutlu ve memnun hissediyorum. Dalgalar şimdi daha yüksek ve kum soğuk. Güneş batıyor ve serin bir meltem esiyor. Dalgalar kıyıya çarpıyor ve havada tuz kokusu var. Sahilde olmak için mükemmel bir akşam. Kıyı boyunca yürüyorum, dalgaların sesini **dinliyorum** ve gün batımını izliyorum. Kumların üzerinde oturmuş, gülüşen ve şakalaşan bir grup insan görüyorum. Harika vakit geçiriyor gibi görünüyorlar. Onlara doğru yürüyorum ve onlara katılıp katılamayacağımı soruyorum. Evet diyorlar ve gecenin geri kalanını konuşarak, gülerek ve **gün bat**ımını izleyerek geçiriyoruz. Mükemmel bir akşamdı. Grup ve ben güneş batana kadar konuştuk. Hikayeler ve şakalar paylaşıyoruz ve hepimiz harika vakit geçiriyoruz. Gece çökmeye başladığında hepimiz yorgun hissetmeye başlıyoruz. Birbirimize **veda** öpücüğü verip yollarımızı ayırıyoruz. Kendimi mutlu ve memnun hissederek otelime geri dönüyorum. Buranın bu kadar güzel olduğuna inanamıyorum. Bunu **deneyimlediğim** için çok şanslıyım.

de venir ici tout le temps ensemble. C'est là que nous sommes tombés amoureux. " Je souris, **imaginant** mes parents tombant amoureux sur cette magnifique plage. " C'est un endroit spécial ", répète-t-elle. "Je suis contente que tu sois venu ici aujourd'hui."

Nous restons assis là un moment de plus, à **regarder** les vagues et le coucher de soleil. Puis nous nous levons et retournons à nos serviettes de plage. Je m'allonge et regarde les étoiles. Je me sens si heureuse et satisfaite. Les vagues sont plus fortes maintenant, et le sable est froid. Le soleil se couche et une brise fraîche souffle. Les vagues s'écrasent sur le rivage et l'odeur du sel flotte dans l'air. C'est une soirée parfaite pour être à la plage. Je me promène le long du rivage, en **écoutant le** bruit des vagues et en regardant le coucher du soleil. Je vois un groupe de personnes assises sur le sable, qui rient et plaisantent. Ils ont l'air de passer un bon moment. Je m'approche d'eux et leur demande si je peux les rejoindre. Ils acceptent et nous passons le reste de la soirée à parler, à rire et à regarder le **coucher de soleil**. C'est une soirée parfaite. Le groupe et moi parlons jusqu'au coucher du soleil. Nous partageons des histoires et des blagues, et nous passons tous un bon moment. À la tombée de la nuit, nous commençons tous à nous sentir fatigués. Nous nous embrassons et nous nous séparons.

Anlama Soruları

1. Anlatıcı uyandıktan sonra nereye gidiyor?

2. Anlatıcı sahil boyunca yürürken neye hayranlık duyuyor?

3. Anlatıcı sahil boyunca yürürken nelere dikkat etmek zorundadır?

4. Anlatıcı manzaranın tadını çıkarmak için nereye oturuyor?

5. Anlatıcı orada ne kadar oturuyor?

6. Anlatıcı gözlerini tekrar açtığında kimi görüyor?

7. Anlatıcının annesi ne diyor?

8. Anlatıcı ve tanıştığı insanlar ne hakkında konuşuyorlar?

Questions de compréhension

1. Où va la narratrice après son réveil ?

2. Qu'est-ce que la narratrice admire en marchant le long de la plage ?

3. De quoi la narratrice doit-elle se méfier lorsqu'elle marche le long de la plage ?

4. Où le narrateur s'assoit-il pour profiter de la vue ?

5. Combien de temps le narrateur reste-t-il assis là ?

6. Qui la narratrice voit-elle lorsqu'elle ouvre à nouveau les yeux ?

7. Que dit la mère du narrateur ?

8. De quoi parlent la narratrice et les personnes qu'elle rencontre ?

Gölde Kamp Yapmak

Manzaranın huzuruna **hayran kalarak** göle doğru yürüyorum. Güneş küçük gölün üzerine vuruyor ve suyun camdan bir tabaka gibi görünmesine neden oluyor. Tek hareket, ara sıra yüzeye çıkan bir balığın **yarattığı** dalgalanma. Kuşlar bile sıcağa ara vermiş gibi görünüyor, sadece ağustos böceklerinin sesi havayı dolduruyor. **Aniden,** huzur yüksek sesli bir sıçrama ile bozulur. Büyük bir **balık** sudan fırlamış, bir yusufçuğu yakalamaya çalışmaktadır. Balık hedefini ıskalıyor ve bir sıçramayla suya geri düşüyor. "Vay canına," diye düşünüyorum kendi kendime, "bu büyük bir balıktı!" Başka gören var mı diye etrafa bakındım ama etrafta kimse yoktu. Sanırım kampa döndüğümde onlara söylemem gerekecek.

Sıcak **bunaltıcı,** nefes almayı zorlaştırıyor. Hava, etrafınızı saran bir battaniye gibi kalın ve ağır. Tek rahatlama suda. Sıcak bir günde soğuk bir içecek gibi serin ve ferahlatıcıdır. Derin bir nefes alıyorum ve suya dalıyorum. Serin su beni çevrelediğinde rahatlıyorum. Dibe doğru yüzüyorum ve sonra suyun vücudumu serinlettiğini hissederek tekrar yüzeye çıkıyorum. Sıcaktan kurtulmanın keyfini çıkararak turlar **atmaya** devam ediyorum. Bir süre sonra sudan çıkıp çimlere uzanıyorum ve güneşin vücudumu kurutmasına izin

Camping au lac

Je me dirige vers le lac, **admirant** la tranquillité de la scène. Le soleil tape sur le petit lac, faisant ressembler l'eau à une feuille de verre. Le seul mouvement est l'ondulation occasionnelle d'un poisson **brisant la** surface. Même les oiseaux semblent prendre une pause de la chaleur, avec seulement le son des cigales remplissant l'air. **Soudain**, la paix est rompue par un grand plouf. Un gros **poisson** a sauté hors de l'eau, essayant d'attraper une libellule. Le poisson rate sa cible et retombe dans l'eau avec un plouf. "Wow," je me dis, "c'était un gros poisson !". J'al regardé autour de moi pour voir si quelqu'un d'autre l'avait vu, mais il n'y avait personne. Je suppose que je devrai leur dire quand je rentrerai au camp.

La chaleur est **oppressante**, il est difficile de respirer. L'air est épais et lourd, comme une couverture qui vous enveloppe. Le seul soulagement est dans l'eau. Elle est fraîche et rafraîchissante, comme une boisson fraîche par une journée chaude. Je prends une profonde inspiration et je plonge dans l'eau. Le soulagement est immédiat car l'eau fraîche m'entoure. Je nage jusqu'au fond, puis remonte à la surface, sentant l'eau refroidir mon corps. Je continue à **faire** des longueurs, appréciant le répit de la chaleur. Après un moment,

veriyorum. Gözlerimi kapatıp uykuya dalıyorum, **ağustos böceklerinin** sesi beni derin bir uykuya daldırıyor. Güneşin tenimdeki suyu pişirmesine izin veriyorum. Cildimin kızardığını hissedebiliyorum ama umurumda değil. Umursamayacak kadar sıcaktım. Bir de baktım ki güneş batıyor. Gökyüzü pembe ve mor çizgileriyle güzel bir turuncuya bürünmüştü. Sıcak gitmiş, yerini serin bir **esinti almıştı.**

Kalkıp giysilerimi giyiyorum, kendimi yenilenmiş ve gençleşmiş hissediyorum. Serin havadan derin bir **nefes alıyorum** ve gülümsüyorum. Hayatta olmak iyi hissettiriyor. Renklerin gökyüzünde dans edişini hayranlıkla izleyerek kamp alanına geri dönüyorum. Uzakta yanan kamp ateşini görebiliyorum ve havadaki dumanın kokusunu alabiliyorum. Gülümsüyorum ve adımlarımı **hızlandırıyorum.** Rahatlamaya ve akşamımın geri kalanının tadını çıkarmaya hazırım. Kamp alanına giriyorum ve herkesin ateşin etrafında toplandığını görüyorum. **Gülüp** şakalaşıyorlar ve ateşin gözlerine yansıdığını görebiliyorum. Gülümsüyorum ve arkadaşlarımın yanına oturuyorum. Geri dönmek çok güzel. Ertesi sabah erkenden uyanıyorum ve eşyalarımı toplamaya başlıyorum. Patikaya geri dönmek ve yolculuğuma devam etmek için sabırsızlanıyorum. Arkadaşlarıma veda ediyorum ve uzaklaşmaya başlıyorum. Yürürken **kamp alanına** son bir kez bakıyorum. Uzakta hâlâ yanan ateşi görebiliyorum ve havadaki dumanın kokusunu alabiliyorum.

je sors de l'eau et je m'allonge sur l'herbe, laissant le soleil sécher mon corps. Je ferme les yeux et m'endors, le son des **cigales** me berce dans un profond sommeil. Je laisse le soleil faire sortir l'eau de ma peau. Je sens que ma peau devient rouge, mais je m'en moque. J'ai trop chaud pour m'en soucier. La prochaine chose que je sais, c'est que le soleil se couche. Le ciel est d'un bel orange, avec des traces de rose et de violet. La chaleur a disparu, remplacée par une **brise** fraîche.

Je me lève et me rhabille, me sentant rafraîchie et rajeunie. Je **respire** profondément l'air frais et je souris. C'est bon d'être en vie. Je retourne au camping, en admirant la façon dont les couleurs dansent dans le ciel. Je peux voir le feu de camp qui brûle au loin et je peux sentir la fumée dans l'air. Je souris et j'**accélère le** pas. Je suis prête à me détendre et à profiter du reste de ma soirée. J'entre dans le camping et je vois que tout le monde est rassemblé autour du feu. Ils **rient** et plaisantent, et je peux voir le feu se refléter dans leurs yeux. Je souris et m'assieds à côté de mes amis. C'est bon d'être de retour. Le lendemain matin, je me réveille tôt et je commence à préparer mes affaires. J'ai hâte de retourner sur le sentier et de poursuivre mon voyage. Je dis au revoir à mes amis et commence à m'éloigner. En marchant, je jette un dernier regard sur le **camping**. Je peux voir le feu qui brûle toujours au loin et je peux sentir la fumée dans l'air.

Anlama Soruları

1. Yürüyen nereye gidiyor?

2. Nasıl bir hava var?

3. Su neye benziyor?

4. Yürüteç sıcağa nasıl tepki veriyor?

5. Balık ne yapıyor?

6. Yürüteç neden yalnız?

7. Su nasıl bir his veriyor?

8. Yürüteç yüzdükten sonra nasıl hissediyor?

9. Yürüteç günün hangi saatinde uyanıyor?

10. Walker kamptan ayrıldığında nereye gidiyor?

Questions de compréhension

1. Où va le marcheur ?

2. Quel temps fait-il ?

3. À quoi ressemble l'eau ?

4. Comment le marcheur réagit-il à la chaleur ?

5. Que fait le poisson ?

6. Pourquoi le marcheur est-il seul ?

7. Quelle est la sensation de l'eau ?

8. Comment le marcheur se sent-il après avoir nagé ?

9. A quelle heure de la journée le déambulateur se réveille-t-il ?

10. Où va le marcheur quand il quitte le camp ?

Ev

Geçen hafta yeni evime taşındım ve çok **heyecanlıyım!**
Eski evimden çok daha büyük ve büyük bir arka bahçesi
var. Barbekü ve partiler için arkadaşlarımı ağırlamak
için sabırsızlanıyorum. **En sevdiğim** bölüm yeni
yatak odam. Çok büyük ve aydınlık ve tüm eşyalarımı
koyacak çok yerim var. Yeni evimden gerçekten
çok memnunum ve burada çok mutlu olacağımı
düşünüyorum. Evi biraz daha keşfetmeye karar verdim.
İkinci kata çıktım ve mutfağa doğru ilerlemeye başladım
ki duvarda büyük siyah bir örümcek gördüm! Çığlık
attım ve aşağıya koştum. Çok **korkmuştum!** Ama
birkaç dakika sonra sakinleştim ve yukarı çıkmaya karar
verdim. Yavaşça mutfağa doğru ilerledim ve örümceğin
gitmiş olduğunu gördüm. Çok rahatlamıştım! Tekrar
aşağı indim ve **arka bahçeyi** keşfetmek için dışarı
çıkmaya karar verdim. Çok büyüktü! İnanamadım.
Köşede bir salıncak seti ve bir kaydırak gördüm. Ayrıca
bir basketbol filesi ve bir **trambolin gördüm**. Çok
heyecanlanmıştım!

Tüm bu yeni şeyleri kullanmak için sabırsızlanıyorum.
Komşular geldi ve kendilerini tanıttılar. Gerçekten
iyi görünüyorlardı ve bir süre konuştuk. Gelecek
hafta sonu beni barbekü partilerine davet ettiler, ben
de seve seve geleceğimi söyledim. Yeni evimde
harika bir ilk hafta geçirdim ve önümdeki tüm yeni

La Maison

J'ai emménagé dans ma nouvelle maison la semaine dernière, et je suis si **excitée** ! Elle est tellement plus grande que l'ancienne, et elle a un grand jardin. J'ai hâte d'inviter des amis pour des barbecues et des fêtes. Ce que je **préfère,** c'est ma nouvelle chambre. Elle est si grande et lumineuse, et j'ai beaucoup d'espace pour mettre toutes mes affaires. Je suis très contente de ma nouvelle maison et je pense que je serai très heureuse ici. J'ai décidé d'explorer un peu plus la maison. Je suis monté au deuxième étage et j'ai commencé à me diriger vers la cuisine quand j'ai vu une grosse araignée noire sur le mur ! J'ai crié et j'ai couru en bas. J'avais tellement **peur** ! Mais après quelques minutes, je me suis calmée et j'ai décidé de retourner à l'étage. J'ai lentement fait mon chemin vers la cuisine et j'ai vu que l'araignée était partie. J'étais tellement soulagée ! Je suis redescendu et j'ai décidé de sortir pour explorer le **jardin**. Elle était si grosse ! Je n'arrivais pas à y croire. J'ai vu une balançoire dans le coin et un toboggan. J'ai aussi vu un filet de basket et un **trampoline**. J'étais tellement excitée!

J'ai hâte d'utiliser tous ces nouveaux trucs. Les **voisins** sont venus et se sont présentés. Ils avaient l'air très gentils, et nous avons parlé un moment. Ils m'ont invité à leur barbecue le week-end prochain, et j'ai dit que j'aimerais beaucoup venir. J'ai passé une excellente

maceralar için heyecanlıyım. Bugün yine arka bahçede keşfe çıkacağım ve başka neler bulabileceğime bakacağım. Kim bilir, belki bir **hazine** bile bulurum. Önümüzdeki haftanın neler getireceğini görmek için sabırsızlanıyorum! Bir sonraki hafta yine arka bahçede keşfe çıktım ve **gizli** bir bahçe buldum. Çok güzeldi! Her yerde çiçekler ve içinde balıklar olan küçük bir gölet vardı. Ayrıca daha önce görmediğim bir salıncak seti de gördüm. Bu gizli bahçeyi bulduğum için çok heyecanlıydım ve daha fazla keşfetmek için sabırsızlanıyorum. Çok **güzeldi**!

Her yerde çiçekler ve içinde balıklar olan küçük bir gölet vardı. Ayrıca daha önce görmediğim bir **salıncak** seti de gördüm. Bu gizli bahçeyi bulduğum için çok heyecanlıydım ve daha fazla keşfetmek için sabırsızlanıyorum. Yeni odamı da çok sevdim. Çok büyük ve aydınlıktı ve duvarlarda en sevdiğim grupların posterleri vardı. Kendi **mobilyalarımı** getirmeme bile gerek kalmadı çünkü burada zaten bir yatak, şifonyer ve çalışma masası vardı. Bu şimdiye kadarki en iyi yıl olacak! Yeni bir **okula** başlayacağım için biraz gergindim ama yeni komşularımın hepsi çok arkadaş canlısıydı. Hatta yan komşum olan bir kızla tanıştım ve ilk günümde benimle birlikte okula yürüyeceğini söyledi.

première semaine dans ma nouvelle maison et j'ai hâte de vivre toutes les nouvelles aventures qui m'attendent. Aujourd'hui, je vais encore aller explorer le jardin et voir ce que je peux trouver d'autre. Qui sait, peut-être vais-je même trouver un **trésor**. J'ai hâte de voir ce que la semaine prochaine nous réserve ! La semaine suivante, je suis retourné explorer le jardin et j'ai trouvé un jardin **secret**. C'était tellement beau ! Il y avait des fleurs partout et un petit étang avec des poissons dedans. J'ai aussi vu une balançoire que je n'avais jamais vue auparavant. J'étais si excitée de trouver ce jardin secret, et j'ai hâte de l'explorer davantage. C'était tellement **beau** !

Il y avait des fleurs partout et un petit étang avec des poissons dedans. J'ai aussi vu une **balançoire** que je n'avais jamais vue auparavant. J'étais si excitée de trouver ce jardin secret, et j'ai hâte de l'explorer davantage. J'ai aussi adoré ma nouvelle chambre. Elle était si grande et lumineuse, et il y avait déjà des posters de mes groupes préférés sur les murs. Je n'ai même pas eu besoin d'apporter mes propres **meubles** car il y avait déjà un lit, une commode et un bureau. Ça va être la meilleure année de ma vie ! J'étais un peu nerveux à l'idée de commencer dans une nouvelle **école**, mais tous mes nouveaux voisins ont été si gentils. J'ai même rencontré une fille qui habite à côté et elle m'a dit qu'elle m'accompagnerait à l'école le premier jour.

Anlama Soruları

1. Kişi nerede yaşıyor?

2. Kişi yeni evini nasıl buluyor?

3. Kişinin yeni evinin en sevdiği kısmı nedir?

4. Kişi bahçede ne buldu?

5. Komşular kimlerdir?

6. Kişinin yeni evindeki ilk günleri nasıldı?

7. Kişinin yeni odasının en sevdiği kısmı nedir?

8. Kişi yarın ne yapmayı planlıyor?

9. Kişinin yeni evindeki ilk haftasının en iyi yanı neydi?

10. Kişinin yeni odasındaki her şey nedir?

Questions de compréhension

1. Où vit la personne ?

2. Comment la personne se sent-elle dans sa nouvelle maison ?

3. Quelle est la partie de la nouvelle maison que la personne préfère ?

4. Qu'est-ce que la personne a trouvé dans le jardin ?

5. Qui sont les voisins ?

6. Comment se sont passés les premiers jours de la personne dans sa nouvelle maison ?

7. Quelle est la partie de la nouvelle pièce que la personne préfère ?

8. Qu'est-ce que la personne prévoit de faire demain ?

9. Quelle a été la meilleure partie de la première semaine de la personne dans sa nouvelle maison ?

10. Qu'y a-t-il dans la nouvelle chambre de la personne ?

Trende

Tren istasyonuna koştum ama çok geç kalmıştım. Tren çoktan bensiz gitmişti. Kendimi çok **kızgın** ve **hayal kırıklığına uğramış** hissettim. Taşrada yaşayan büyükannem ve büyükbabamı ziyaret etmek için trene binmeyi planlıyordum ama şimdi bir sonraki tren için tam bir saat beklemem gerekecekti. Bunun yerine bir süre şehirde dolaşmaya karar verdim ve kaçırdığım fırsatı unutmaya çalıştım. Yürürken, **trenlerin** sizi götürebileceği tüm yerler hakkında **hayaller kurmaya** başladım. Birdenbire artık o kadar da üzgün değildim. İstasyona geri döndüm ve bana doğru ilerleyen büyük kırmızı, beyaz ve mavi lokomotifi fark etmeden edemedim. Pencereden bana el sallayan **kondüktörü** görene kadar bu trenin benim için olduğunu fark etmedim. Trene binip koltuğuma oturuyorum ve uzun bir yolculuk için hazırlanıyorum.

İstasyondan çıkarken, bu trenin beni nereye götüreceğini merak etmekten kendimi alamıyorum. Yeşil **tarlaların** arasından, mavi nehirlerin üzerinden, dağların ve vadilerin yanından geçen bu eski trenin nereye gideceği belli değil. Gece çökmeye başladığında, aşağıdaki rayların üzerindeki vagonların **ritmik** hareketiyle **huzurlu bir** uykuya dalıyorum. Sabah olduğunda, gözlerimi açtığımda hiçliğin ortasında bir

Dans le train

J'ai couru jusqu'à la gare, mais c'était trop tard. Le train était déjà parti sans moi. Je me suis sentie tellement **en colère** et **déçue** de moi-même. J'avais prévu de prendre le train pour rendre visite à mes grands-parents qui vivent à la campagne, mais maintenant je devais attendre le prochain train pendant une heure entière. J'ai décidé de me promener un peu dans la ville à la place et j'ai essayé d'oublier cette occasion manquée. En marchant, j'ai commencé à **rêver à** tous les endroits où le **train** peut vous emmener. Soudain, je n'étais plus aussi contrariée. Je suis retourné dans la gare et je n'ai pu m'empêcher de remarquer la grande locomotive rouge, blanche et bleue qui se dirigeait vers moi. Ce n'est que lorsque je vois le **conducteur** me faire signe par la fenêtre que je réalise que ce train est pour moi. Je monte dans le train et trouve mon siège, m'installant pour ce qui promet d'être un long voyage.

Alors que nous sortons de la gare, je ne peux m'empêcher de me demander où ce train va m'emmener. À travers des **champs** verts et des rivières bleues, en passant par des montagnes et des vallées, on ne sait pas où ce vieux train va aller. À la tombée de la nuit, je m'endors **paisiblement**, bercé par le mouvement **rythmique** des wagons sur les rails en contrebas. Quand le matin revient, j'ouvre les yeux

yerde küçük bir kasabaya vardığımızı görüyorum. Yerliler Ana Cadde'de dolaşmaya başladığında güneş ufukta belirmeye başlıyor; bir şey dışında burası herhangi bir gün gibi görünüyor - Belediye Binası'nın yanında "Gemiye hoş geldiniz!" yazan büyük bir tabela asılı. Görünüşe göre bu küçük kasaba bizi bekliyormuş, her ne kadar başka bir yere giden sıradan bir **yolcu** treni olsak da. Kasabayı bir kez daha arkamızda bırakıp kim bilir nereye doğru yol alırken, **tarlaların** arasında yuvalanmış küçük evlerden el sallayan tüm dost yüzlere gülümsüyorum; görünüşte sıradan olan bir şeyin sadece geçerken bile bu kadar neşe getirebilmesi gerçekten şaşırtıcı. Ve tabii bir de **çocuklar var**.

Lokomotifimin penceresinden dışarı uzanıyorum. Parlayan gözleri ve kocaman sırıtışlarıyla beni her zaman çok mutlu ediyorlar. **Kabinime** dönüp oturmadan önce onlara enerjik bir şekilde el salladım. Şimdiden uzun bir gün oldu ama henüz bitmedi; son varış noktamıza ulaşmamıza daha birkaç saat **var**. Kitabımı çıkarıp okumaya başladım ve trenin ritmik sallanışının beni huzurlu bir hale sokmasına izin verdim. Arada bir kafamı kaldırıp dışarıdan geçen manzaraya bakıyorum; ne kadar çok görürsem göreyim asla eskimiyor.

pour constater que nous sommes arrivés dans une petite ville quelque part au milieu de nulle part. Le soleil pointe à peine à l'horizon et les habitants commencent à s'agiter dans la rue principale ; c'est un jour comme les autres ici, à l'exception d'une chose : il y a un grand panneau près de l'hôtel de ville qui dit "Bienvenue à bord". Il semble que cette petite ville nous attendait, même si nous ne sommes qu'un train de **voyageurs** ordinaire qui passe par là pour aller ailleurs. Alors que nous laissons la ville derrière nous une fois de plus, en direction d'on ne sait où, je souris à tous les visages amicaux qui nous saluent depuis ces petites maisons nichées au milieu des **terres agricoles - c**'est vraiment étonnant de voir comment quelque chose d'apparemment si ordinaire peut apporter tant de joie simplement en passant par là. Et puis, bien sûr, il y a les **enfants**.

Je me penche par la fenêtre de ma locomotive. Ils me rendent toujours si heureux avec leurs yeux brillants et leurs grands sourires. Je leur fais un signe de la main énergique avant de retourner dans ma **cabine** et de m'asseoir. La journée a déjà été longue, mais elle n'est pas encore terminée ; il reste encore quelques heures avant d'atteindre notre **destination** finale. Je sors mon livre et commence à lire, laissant le balancement rythmique du train me bercer dans un état paisible. ans tant d'aventures, réelles ou **imaginaires**, et je leur en serai toujours reconnaissant.

Anlama Soruları

1. Tren nereye gidiyor?

2. Trende kim seyahat ediyor?

3. Tren ne zaman kalkıyor?

4. Kahraman trene nasıl biniyor?

5. Tren nereden geliyor?

6. Tren şimdi nereye gidiyor?

7. Yolcular ne zaman geldi?

8. Treni kaçırdığında kahraman nasıl hissediyor?

9. Tren makinisti kahramanı gördüğünde nasıl tepki veriyor?

10. Kahraman neden trenleri seviyor?

Questions de compréhension

1. Où va le train ?

2. Qui voyage dans le train ?

3. Quand le train part-il ?

4. Comment le protagoniste monte-t-il dans le train ?

5. D'où vient le train ?

6. Où le train va-t-il ensuite ?

7. Quand les passagers sont-ils arrivés ?

8. Que ressent le protagoniste lorsqu'il rate le train ?

9. Comment le conducteur du train réagit-il lorsqu'il voit le protagoniste ?

10. Pourquoi le protagoniste aime-t-il les trains ?

Akşam Yemeği Pişirme

Şu anda saat 17:00 ve işten eve yürüyorum. Evde eşimle birlikte sakin bir akşam geçirmeyi **dört gözle** bekliyorum. Birlikte akşam yemeği pişireceğiz ve sonra gecenin geri kalanında dinleneceğiz. Bu **akşam** herhangi bir planım ya da zorunluluğum olmadığını bilmek iyi hissettiriyor. Eve vardığımda eşim çoktan mutfağa girmiş, akşam yemeğimizi hazırlamaya başlamıştı. Burası **harika** kokuyor! Yemek pişirirken sohbet ediyoruz, birbirimizin günlerini yakalıyoruz ve iş hayatlarımızdan küçük hikayeler paylaşıyoruz. Mutfak dairemizdeki en sevdiğim oda. Yemek yapmayı seviyorum ve özellikle de ortağımla yemek yapmayı seviyorum. Burada her zaman çok iyi vakit geçiriyoruz, fırtına gibi yemek pişirirken gülüyor ve şakalaşıyoruz. Ayrıca, **birlikte** çalıştığımızda yemekler her zaman **inanılmaz oluyor**.

Bu akşam, tüm zamanların en sevdiğim tariflerinden birini yapıyoruz: Parmesanlı **tavuk.** Ben **ocakta** sosu kaynatırken ortağım tavuğu ekmekle kaplıyor. İyi yağlanmış bir makine gibi birlikte çalışıyoruz ve çok geçmeden akşam yemeği servise hazır hale geliyor. Parmesanlı tavuk, makarna ve salatayla dolu **tabaklarla**

Cuisiner le dîner

Il est 17 heures et je rentre à pied du travail. J'ai **hâte** de passer une soirée tranquille à la maison avec mon partenaire. Nous allons préparer le dîner ensemble et nous détendre pour le reste de la nuit. C'est agréable de savoir que je n'ai aucun projet ni aucune obligation ce **soir**. J'arrive à la maison et mon partenaire est déjà dans la cuisine, en train de préparer notre dîner. Ça sent **très bon** ici ! Nous bavardons tout en cuisinant, prenant des nouvelles de nos journées respectives et partageant des petites histoires de nos vies professionnelles. La cuisine est ma pièce préférée dans notre appartement. J'adore cuisiner, et j'aime particulièrement cuisiner avec mon partenaire. Nous passons toujours un bon moment ici, à rire et à plaisanter pendant que nous cuisinons. De plus, la nourriture est toujours **incroyable** lorsque nous travaillons **ensemble**.

Ce soir, nous faisons l'une de mes recettes préférées : le **poulet au** parmesan. Mon partenaire commence par paner le poulet pendant que je fais mijoter la sauce sur la **cuisinière**. Nous travaillons ensemble comme une machine bien huilée, et en peu de temps, le dîner

küçük mutfak masamıza oturuyoruz. Bardakları tokuşturuyoruz ve ilk **lokmamızı** alıyoruz - ve bu harika! Tavuğun dışı çıtır çıtır ama içi sulu; sos lezzetli ve mükemmel; makarna al dente pişmiş... bu akşam her şeyin tadı kesinlikle mükemmel. İkimiz de bunun, lezzetli yemeğimizin son lokmasının **tadını çıkarırken her** şeyin mükemmel bir şekilde bir araya geldiği o gecelerden biri olduğunu biliyoruz. Tadı kokusundan bile daha güzeldi - ki bu oldukça iyiydi! İkimiz de bugün özellikle aç olmadığımız için yemeğimizi nispeten hızlı bir şekilde bitiriyoruz, ancak birkaç **kadeh** şarabın daha tadını çıkarırken bu ve bu konu hakkında hafifçe sohbet ediyoruz. Yemekten sonra birlikte hızlıca temizlenip oturma odasına geçiyoruz ve burada televizyon izlerken kanepeye **sarılıp** biraz vakit geçiriyoruz.

est prêt à être servi. Nous nous asseyons à notre petite table de cuisine avec des **assiettes** remplies de poulet au parmesan, de pâtes et de salade. Nous faisons tinter les verres et prenons notre première bouchée - et c'est **divin** ! Le poulet est croustillant à l'extérieur mais juteux à l'intérieur ; la sauce est savoureuse et parfaite ; les pâtes sont cuites al dente... tout a un goût absolument parfait ce soir. Nous savons tous les deux que c'était l'une de ces nuits où tout s'est parfaitement réuni alors que nous **savourons** chaque bouchée de notre délicieux repas. Le goût était encore meilleur que l'odeur, qui était sacrément bonne ! Nous terminons notre repas assez rapidement car aucun de nous n'a particulièrement faim aujourd'hui, mais nous prenons notre temps en dégustant quelques **verres** de vin supplémentaires tout en discutant légèrement de tel ou tel sujet. Après le dîner, nous nettoyons rapidement ensemble et passons au salon, où nous passons un moment à **nous câliner** sur le canapé en regardant la télévision.

Anlama Soruları

1. Anlatıcı nereden geliyor?

2. Anlatıcı işten sonra ne yapıyor?

3. Anlatıcı akşam yemeğinde ne yiyor?

4. Anlatıcı mutfağı neden seviyor?

5. Çift ne tür bir yemek pişiriyor?

6. Anlatıcı gecenin sonunda nasıl hissediyor?

7. Çiftin yapmayı en sevdiği şey nedir?

8. Çift yorulduğunda ne yapıyor?

9. Nerede uyuyorlar?

10. Anlatıcı neden evde kalmayı seviyor?

Questions de compréhension

1. D'où vient le narrateur ?

2. Que fait le narrateur après le travail ?

3. Que mange le narrateur pour le dîner ?

4. Pourquoi le narrateur aime-t-il la cuisine ?

5. Quel genre de plat le couple cuisine-t-il ?

6. Que ressent le narrateur à la fin de la soirée ?

7. Quelle est l'activité préférée du couple ?

8. Que fait le couple quand il est fatigué ?

9. Où dorment-ils ?

10. Pourquoi le narrateur aime-t-il rester à la maison ?

Yürüyen Ev

İşten eve yürürken **huzurlu** bir geceydi. Yürürken, anılara gülümsemekten kendimi alamadım. Eski mahalleme geri dönmek iyi hissettiriyordu. Tanıdığım birkaç kişiye el salladım, onlar da bana el salladı. Evde olmak güzeldi. Eski okulumun önünden geçtim ve arkadaşlarımla geçirdiğim tüm güzel zamanları **hatırladım.** Eve hep birlikte yürür ve günümüz hakkında konuşurduk. **Bazen** durup dondurma alır ya da parka giderdik. Bunlar en güzel zamanlardı. O zamanları özlüyorum. Ama şimdi kendi ailem var ve hayatımdan memnunum. O anılara dönüp bakabildiğim ve gülümseyebildiğim için mutluyum. Onlar hayatımın her zaman değer vereceğim bir parçası. En güzel zamanlardı. O zamanları özlüyorum. Ama şimdi kendi ailem var ve hayatımdan memnunum. O **anılara dönüp** bakabildiğim ve gülümseyebildiğim için mutluyum. Onlar hayatımın her zaman değer vereceğim bir parçası.

Arkadaşlarımla geçirdiğim güzel zamanları düşünerek yürümeye devam ediyorum. Onları yakında tekrar göreceğimi biliyorum. Evime doğru ilerliyorum ve yakınlardaki bir parkta yürümeye karar veriyorum. Güneş batıyor ve gökyüzü **güzel bir** turuncu renge dönüşüyor. Ağaçlarda cıvıldayan birkaç kuş dışında park bomboş. Derin bir **nefes** alıyorum ve gülümsüyorum. Parkta yürürken gökyüzünde kayan

Walking Home

C'était une nuit **paisible** alors que je rentrais du travail. En marchant, je ne pouvais m'empêcher de sourire aux souvenirs. C'était bon d'être de retour dans mon ancien quartier. J'ai salué quelques personnes que je connaissais, et elles m'ont salué en retour. C'était bon d'être chez soi. Je suis passé devant mon ancienne école et je **me suis souvenu de** tous les bons moments que j'ai passés avec mes amis. On rentrait toujours ensemble à la maison et on parlait de notre journée. **Parfois,** on s'arrêtait pour acheter une glace ou aller au parc. C'était les meilleurs moments. Ces moments me manquent. Mais maintenant, j'ai ma propre famille et je suis heureuse de ma vie. Je suis heureux de pouvoir repenser à ces souvenirs et de sourire. Ils font partie de ma vie et je les chérirai toujours. C'était les meilleurs moments. Ils me manquent. Mais maintenant, j'ai ma propre famille et je suis heureux de ma vie. Je suis heureux de pouvoir repenser à ces **souvenirs** et de sourire. Ils font partie de ma vie et je les chérirai toujours.

Je continue à marcher, en pensant aux bons moments que j'ai passés avec mes amis. Je sais que je les reverrai bientôt. Je me dirige vers ma maison et décide de me promener dans un parc à proximité. Le soleil se couche et le ciel prend une **belle** couleur orange. Le

bir yıldız görüyorum. O yıldız için bir dilek tuttum ve yürümeye devam ettim. İşteki günümü ve ne kadar **huzurlu** olduğunu düşünüyorum. Böyle harika bir işe sahip olduğum için ne kadar şanslı olduğumu düşünerek kendi kendime gülümsüyorum. Eve doğru yürürken serin gece havasını tenimde **hissediyorum.** Kendimi çok canlı ve mutlu hissediyorum, huzurlu bir gecede eve yürümek gibi basit bir eylemin tadını çıkarıyorum. Kendimi çok iyi hissettim, **ıslık çalmaya** başladım. Sokakta birkaç kişinin yanından geçtim ama hepsi kendi işlerine bakıyordu.

Sokağımın köşesini döndüğümde komşumun kedisi Bay Whiskers'ın verandamda oturduğunu gördüm. Ona merhaba dedim ve o da bana miyavlayarak karşılık verdi. Kapımın **kilidini açtım** ve içeri girdim. Evde olduğum için çok mutluydum. Ayakkabılarımı çıkardım ve yatmak için hazırlandım. O gece yatağa mutlu ve minnettar bir şekilde, kalbim sevgiyle dolu olarak girdim. Gece boyunca mışıl mışıl uyudum, hiçbir şey için endişelenmedim. Dinlendirici bir uykudan uyandım ve penceremden içeri giren güneş beni **karşıladı.** Yataktan kalktım ve gerindim, derin bir nefes aldım ve serin havanın ciğerlerime dolduğunu hissettim. Pencereme doğru yürüdüm ve kuşların cıvıltısını ve **sincapların** oyununu duyarak dışarı baktım. Gülümsedim ve mutlu ve memnun hissederek giyinmeye gittim. **Arkadaşlarım** ve ailemle vakit geçirerek harika bir gün geçirdim. Güldüm, şaka

parc est vide, à l'exception de quelques oiseaux qui gazouillent dans les arbres. Je prends une profonde **inspiration** et je souris. Alors que je marche dans le parc, je vois une étoile filante traverser le ciel. J'ai fait un vœu sur cette étoile et j'ai continué à marcher. Je pense à ma journée de travail et au **calme qui** y régnait. Je souris à moi-même, en pensant à la chance que j'ai d'avoir un si bon travail. Je rentre chez moi, en **sentant l'**air frais de la nuit sur ma peau. Je me sens si vivante et heureuse, profitant du simple fait de rentrer chez moi par une nuit paisible. Je me sentais si bien que j'ai commencé à **siffler**. Je suis passé devant quelques personnes dans la rue, mais elles s'occupaient toutes de leurs affaires.

J'ai tourné le coin de ma rue et j'ai vu le chat de mon voisin, M. Whiskers, assis sur mon porche. Je lui ai dit bonjour et il miaulait en retour. J'ai **déverrouillé** ma porte et je suis entrée. J'étais si heureuse d'être chez moi. J'ai enlevé mes chaussures et me suis préparée pour aller me coucher. Je me suis couchée ce soir-là, heureuse et reconnaissante, le cœur plein d'amour. J'ai dormi profondément toute la nuit, sans me soucier de rien. Je me suis réveillée d'un sommeil réparateur et j'ai été **accueillie** par le soleil qui brillait à travers ma fenêtre. Je suis sorti du lit et me suis étiré, prenant une profonde inspiration et sentant l'air frais remplir mes poumons.

Anlama Soruları

1. Hikaye başladığında baş kahraman ne yapıyordu?

2. Kahraman eve yürürken ne düşünüyordu?

3. Kahraman okuldan sonra arkadaşlarıyla ne yapardı?

4. Kahraman o zamanlarla ilgili neleri özlüyor?

5. Kahraman mevcut yaşamı hakkında ne düşünüyor?

6. Kayan bir yıldız gördüklerinde kahraman ne yapar?

7. Kahraman eve yürürken nasıl hissediyor?

8. Kahraman eve döndüğünde ne yapıyor?

9. Ertesi sabah uyandıklarında kahraman nasıl hissediyor?

10. Kahraman ertesi gün ne yapıyor?

Questions de compréhension

1. Que faisait le protagoniste au début de l'histoire ?

2. À quoi le protagoniste a-t-il pensé en rentrant chez lui ?

3. Qu'est-ce que le protagoniste avait l'habitude de faire avec ses amis après l'école ?

4. Qu'est-ce que le protagoniste regrette de cette époque ?

5. Que pense le protagoniste de sa vie actuelle ?

6. Que fait le protagoniste lorsqu'il voit une étoile filante ?

7. Que ressent le protagoniste lorsqu'il rentre à pied chez lui ?

8. Que fait le protagoniste lorsqu'il rentre chez lui ?

9. Que ressent le protagoniste lorsqu'il se réveille le lendemain matin ?

10. Que fait le protagoniste le lendemain ?

Kale

Aile her zaman **Almanya**'daki eski bir kaleyi ziyaret etmek istemiş ve sonunda bu yolculuğa çıkmışlar. **Hayal kırıklığına** uğramadılar. Şato çok güzeldi ve birçok odasını ve koridorunu keşfetmekten keyif aldılar. Onları etkileyen ilk şey kokuydu. **Küf, rutubet ve tam olarak ne olduğunu anlayamadıkları** başka bir şey buldular. İkinci şey ise sesti. Taş duvarlar kalındır ama sesi tamamen kesmezler. Her ayak sesini, normal bir sesle söylenen her kelimeyi ve uzaklarda bir **yerlerde** ara sıra duyulan su damlasını duydular. Gözleri loş ışığa alıştığında, etraflarında devasa taş duvarların yükseldiğini, duvar halılarının parçalanmış bir şekilde sarktığını gördüler. Oyma sütunlarla desteklenen yüksek tavanlı büyük bir salonda duruyorlardı. Kulelerden görünen manzaraya da bayıldılar ve çocuklar arazide koşturarak harika vakit geçirdiler. Kaleyi keşfetmeyi bitirdiklerinde **güneş** batmaya başlamıştı ve bir el **feneri** getirmedikleri için pişman oldular. Girişe geri dönmeye karar verdiler, ancak kısa süre sonra kendilerini kaybolmuş buldular. Saatler gibi gelen bir süre boyunca etrafta dolaştılar ve sonunda dışarı açılan bir kapıya rastladılar. Koridorun sonuna **ulaşana** kadar devam ettiler ve heybetli bir çift kapıya geldiler. Ne kadar deneseler de kapılar yerinden kımıldamadı. **Uğursuzca** takırdıyor ama bir milim bile

Le château

La famille avait toujours voulu visiter un vieux château en **Allemagne**, et elle a finalement fait le voyage. Ils n'ont pas été **déçus**. Le château était magnifique, et ils ont pris plaisir à explorer ses nombreuses pièces et couloirs. La première chose qui les frappe est l'odeur. Ils ont trouvé de la **moisissure**, de l'humidité et quelque chose d'autre qu'ils n'ont pas réussi à identifier. La deuxième chose a été le son. Les murs de pierre sont épais, mais ils n'étouffent pas complètement le son. Ils ont entendu chaque pas, chaque mot prononcé d'une voix normale, et le goutte-à-goutte occasionnel de l'eau **quelque part** au loin. Lorsque leurs yeux se sont adaptés à la faible lumière, ils ont vu des murs de pierre massifs se dresser tout autour d'eux, des tapisseries en **lambeaux y étant** suspendues. Ils se tenaient dans un immense hall avec un haut plafond soutenu par des piliers sculptés. Ils ont également aimé les vues depuis les tourelles, et les enfants ont eu beaucoup de plaisir à courir dans le parc. Le **soleil** avait commencé à se coucher lorsqu'ils ont fini d'explorer le château, et ils ont regretté de ne pas avoir apporté de **lampe de poche**. Ils ont décidé de retourner à l'entrée, mais ils se sont vite perdus. Ils errent pendant des heures, jusqu'à ce qu'ils trouvent enfin une porte qui mène à l'extérieur. Ils ont continué jusqu'à ce qu'ils **atteignent le** bout du

kıpırdamıyorlardı. Görünüşe göre daha önce burada olan her kimse buradan geçmiş ve kapıları içeriden kilitlemiş olmalıydı. Sonunda bir çıkış yolu buldular. Serin gece havasına adım attıklarında içlerini bir rahatlama kapladı.

Güneş batmaya başlamıştı ve bir el feneri getirmedikleri için **pişman oldular.** Girişe geri dönmeye karar verdiler ama kısa süre sonra kendilerini kaybolmuş buldular. Saatler gibi gelen bir süre boyunca etrafta dolaştılar ve sonunda **dışarı** açılan bir kapıya rastladılar. Serin gece havasına adım attıklarında içlerini bir rahatlama kapladı. Ertesi akşam kalenin geri kalanını keşfederken yanlarına bir el feneri almayı ihmal etmediler. **Avludan** geçip **kale** duvarlarının arkasından akan nehre doğru yürüdüler. Etrafta dolaşırken garip sesler duymaya başladılar. Sanki biri onları takip ediyormuş gibiydi. Adımlarını hızlandırdılar ama sesler daha da yükseldi ve yaklaştı. Aile olabildiğince hızlı bir şekilde kaleye geri koşmuş ve **karanlık** pelerinli figürün onları takip etmediğini görünce rahatlamışlar.

couloir et arrivent à une imposante série de doubles portes. Ils ont beau essayer, les portes ne bougent pas. Elles cliquettent **sinistrement** mais ne bougent pas d'un pouce. On dirait que celui qui était ici avant a dû passer par là et les verrouiller de l'intérieur. Finalement, ils ont trouvé un moyen de sortir. Le soulagement les envahit alors qu'ils sortent dans l'air frais de la nuit.

Le soleil avait commencé à se coucher, et ils **regrettaient de ne pas avoir** apporté de lampe de poche. Ils ont décidé de retourner à l'entrée, mais ils se sont vite perdus. Ils ont erré pendant ce qui leur a semblé être des heures, jusqu'à ce qu'ils trouvent enfin une porte qui menait à **l'extérieur**. Le soulagement les a envahis alors qu'ils sortaient dans l'air frais de la nuit. Le lendemain soir, ils ont pris soin d'emporter une lampe de poche pour explorer le reste du château. Ils ont traversé la **cour** et sont descendus jusqu'à la rivière qui coulait derrière les murs du **château**. Alors qu'ils se promenaient, ils ont commencé à entendre des bruits étranges. On aurait dit que quelqu'un les suivait. Ils accélèrent le pas, mais les bruits deviennent plus forts et plus proches. Les membres de la famille courent vers le château aussi vite qu'ils le peuvent, et ils sont soulagés de voir que la silhouette au manteau **sombre** ne les a pas suivis.

Anlama Soruları

1. Aile kalede kaybolduğunda ne yaptı?

2. Aile, ölenin sadece yerel bir adam olduğunu öğrendiğinde ne hissetti?

3. Adam ne yaptı da tutuklandı?

4. Adam için verilen ceza neydi?

5. Aile yürürken hangi gürültüyü duydu?

6. Aile onu gördüğünde karanlık pelerinli figür neredeydi?

7. Aile odalarına döndüklerinde ne yaptılar?

8. Aile kaleyi tekrar ne zaman keşfetmeye gitti?

9. Ailenin bir türlü anlam veremediği şey neydi?

10. Aile kaleyi tekrar keşfe çıkmadan önce ne yaptı?

Questions de compréhension

1. Qu'a fait la famille lorsqu'elle s'est perdue dans le château ?

2. Comment la famille s'est-elle sentie quand elle a découvert que c'était juste un homme du coin ?

3. Qu'a fait l'homme qui a été arrêté ?

4. Quelle a été la sentence pour cet homme ?

5. Quel bruit la famille a-t-elle entendu pendant qu'elle marchait ?

6. Où était le personnage au manteau sombre quand la famille l'a vu ?

7. Qu'a fait la famille en rentrant dans sa chambre ?

8. Quand la famille est-elle repartie explorer le château ?

9. Quelle était la chose sur laquelle la famille n'arrivait pas à mettre le doigt ?

10. Qu'a fait la famille avant de retourner explorer le château ?

Benim Bahçem

Bahçem benim mutlu yerim. Yağmur çamur demeden her gün oraya gider ve bitkilerimle ilgilenerek vakit geçiririm. **Her şeyden** biraz **var-sebzeler,** meyveler, çiçekler, otlar. Hatta zararlıları uzak tutmaya yardımcı olan birkaç tavuğum bile var. Bahçedeki günlerime tavuklardan yumurta toplayarak başlıyorum. Sonra sebzelerimi kontrol ediyorum, yeterince su ve güneş aldıklarından emin oluyorum. Yatakları ayıklıyorum ve bitkilere **saldırabilecek** böcekleri ayıklıyorum. **Her şey halledildikten** sonra arkama yaslanıp doğanın huzur ve sessizliğinin tadını çıkarıyorum.

Bahçemde vakit geçirmeyi her zaman sevmişimdir. Doğayla ve doğanın sunduğu tüm **güzelliklerle** çevrili olmanın getirdiği bir şey var. Burayı çok huzurlu ve sakinleştirici bir yer olarak görüyorum. Sık sık bahçemde sadece dinlenerek ve manzaranın tadını çıkararak vakit geçiriyorum. Ayrıca bahçemde çalışmaktan ve bir şeyler yetiştirmekten de keyif alıyorum. Oldukça büyük bir bahçem var ve içinde çeşitli **farklı** şeyler yetiştirmeyi seviyorum. Çiçek, **sebze** ve ot yetiştiriyorum. Ayrıca lezzetli elmalar, armutlar ve erikler üreten birkaç meyve ağacım var. Bir şeyler yetiştirmenin yanı sıra, bahçemde dolaşarak ve bahçemi evi olarak gören farklı bitki ve hayvanlara

Mon jardin

Mon jardin est mon coin de paradis. J'y vais tous les jours, qu'il pleuve ou qu'il vente, et je passe du temps à m'occuper de mes plantes. J'ai un peu de **tout :** **légumes**, fruits, fleurs, herbes. J'ai même quelques poules qui m'aident à tenir les parasites à distance. Je commence mes journées dans le jardin en ramassant les œufs des poules. Puis je vérifie que mes légumes reçoivent suffisamment d'eau et de soleil. Je désherbe les plates-bandes et j'élimine les insectes qui pourraient **attaquer** les plantes. Une fois que **tout est** fait, je m'assois et je profite de la paix et du calme de la nature.

J'ai toujours aimé passer du temps dans mon jardin. Il y a quelque chose dans le fait d'être entouré par la nature et toute la **beauté qu'**elle a à offrir. Je trouve que c'est un endroit très paisible et apaisant. Je passe souvent du temps dans mon jardin à me détendre et à profiter du paysage. J'aime aussi travailler dans mon jardin et faire pousser des choses. J'ai un jardin d'assez bonne taille et j'aime y faire pousser toutes **sortes** de choses. Je fais pousser des fleurs, des **légumes** et des herbes aromatiques. J'ai aussi quelques arbres fruitiers qui produisent de délicieuses pommes, poires et prunes. En plus de faire pousser des choses, j'aime aussi passer du temps à me promener dans mon jardin,

hayranlıkla bakarak vakit geçirmekten de keyif alıyorum. **Bahçemi** sadece güzel değil aynı zamanda işlevsel bir yer haline getirmek için yıllar boyunca saatlerce çalıştım. Etrafta uçuşan kuşları izlemeyi ve şarkılarını dinlemeyi seviyorum. Hatta bazen bir kitap çıkarıyorum ve bahçede, yarattığım tüm bu güzelliklerle çevriliyken kitap okuyorum. **Bahçecilik** benim tutkum ve bana çok keyif veriyor. Bahçemde geçirdiğim her gün güzel bir gün.

Yapmayı sevdiğim şeylerden biri yemek pişirmek, bu nedenle iyi stoklanmış bir bitki bahçesine sahip olmak benim için çok **önemli.** Kekik, fesleğen, kekik, biberiye, adaçayı ve lavanta bahçemde yetiştirmeyi sevdiğim bitkilerden sadece birkaçı, böylece kendim veya **misafirlerim için** yemek pişirirken bunları kullanabiliyorum. Bahçem söz konusu olduğunda benim için önemli olan bir diğer şey de bahçemin her yerinde bol miktarda renk olmasını sağlamak. Bu amaca ulaşmak için **güller,** zambaklar, papatyalar, laleler, impatienler, kadife çiçekleri gibi çok çeşitli çiçekler yetiştiriyorum. Çiçeklerle renk katmanın yanı sıra, bahçe boyunca farklı **dokular** kullanarak ilgi çekmeyi de seviyorum. Örneğin, yüksek ayçiçeklerinin altına eğrelti otları veya dikenli süs otlarının **yanına** hostalar ekebilirim. Hayatta başka ne olursa olsun, bahçemde çalışmak her zaman kendimi doğaya daha bağlı ve kendimle daha barışık hissetmeme yardımcı oluyor.

à **admirer** toutes les plantes et tous les animaux qui y vivent. J'ai passé de nombreuses heures au fil des ans à faire de mon **jardin** un endroit non seulement beau mais aussi fonctionnel. J'aime regarder les oiseaux voltiger et les écouter chanter. Parfois, je sors même un livre et je lis dans le jardin, entourée de toute la beauté que j'ai créée. Le **jardinage** est ma passion et il m'apporte tant de joie. Chaque jour dans mon jardin est un bon jour.

L'une des choses que j'aime faire, c'est cuisiner. Il est donc très **important pour moi d'**avoir un jardin d'herbes aromatiques bien garni. Le thym, le basilic, l'origan, le romarin, la sauge et la lavande sont quelques-unes des herbes que j'aime faire pousser dans mon jardin pour pouvoir les utiliser lorsque je prépare des repas pour moi ou pour mes **invités**. Une autre chose qui est importante pour moi quand il s'agit de mon jardin, c'est de m'assurer qu'il y a beaucoup de couleurs dans tout le jardin. Pour atteindre cet objectif, je cultive une grande variété de fleurs, notamment des **roses**, des lys, des marguerites, des tulipes, des impatiens, des soucis, etc. En plus d'ajouter de la couleur avec les fleurs, j'aime aussi ajouter de l'intérêt en utilisant différentes **textures** dans le jardin. Par exemple, je peux planter des fougères sous des tournesols imposants ou des hostas à **côté de** graminées ornementales hérissées.

Anlama Soruları

1. Yazarın bahçesi nerede?

2. Yazarın kaç tavuğu var?

3. Yazar her gün bahçede ne yapıyor?

4. Yazar bahçeyi neden seviyor?

5. Yazar bahçeye hangi bitkileri ekiyor?

6. Bahçesinde birçok renk olması yazar için neden önemlidir?

7. Yazar bahçesine nasıl çeşitlilik getiriyor?

8. Yazar bahçesinde çalışırken kendini nasıl hissediyor?

9. Bahçesindeyken yazarın kendini bağlı hissetmesini sağlayan şey nedir?

10. Yazarın bahçesindeki her gün neden güzel bir gündür?

Questions de compréhension

1. Où se trouve le jardin de l'auteur ?

2. Combien de poulets l'auteur possède-t-il ?

3. Que fait l'auteur dans le jardin tous les jours ?

4. Pourquoi l'auteur aime-t-il le jardin ?

5. Quelles herbes l'auteur plante-t-il dans le jardin ?

6. Pourquoi est-il important pour l'auteur qu'il y ait beaucoup de couleurs dans son jardin ?

7. Comment l'auteur apporte-t-il de la variété à son jardin?

8. Que ressent l'auteur lorsqu'il travaille dans son jardin?

9. Qu'est-ce qui fait que l'auteur se sent connecté quand il est dans son jardin ?

10. Pourquoi chaque jour dans le jardin de l'auteur est-il un bon jour ?

Alışverişe Gitmek

Alışveriş merkezine gitmeyi seviyorum. Etrafta dolaşmak ve tüm farklı mağazalara bakmak her zaman çok eğlencelidir. Alışveriş merkezinde herkes için bir şeyler var ve kıyafet, ayakkabı ve aksesuarlarda fırsat bulmak için her zaman harika bir yer. Alışveriş gezime **genellikle** alışveriş merkezinin ana **girişinden** yürüyerek başlıyorum. Oradan ilk olarak favori mağazalarıma yöneliyorum. Bu mağazalara baktıktan sonra etrafta dolaşır ve başka yerlerde indirim olup olmadığına bakarım. Alışveriş yapmadan önce genellikle alışveriş merkezinde birkaç saat geçiririm. Alışveriş yaparken her zaman acele etmemeyi severim **çünkü tam olarak** istediğim şeyi aldığımdan emin olmak isterim. Ayrıca, bu şekilde daha eğlenceli oluyor!

Alışveriş merkezindeyken insanları izlemeyi her zaman çok **etkileyici** bulmuşumdur. Alışveriş yapma şekillerine bakarak bir insan hakkında gerçekten çok şey söyleyebilirsiniz. Bazı insanlar çok metodik ve acele etmiyorlar, bazıları ise ellerine **ne geçerse alıp** mümkün olduğunca hızlı bir şekilde kasaya yöneliyorlar. Ayrıca, herhangi bir ürüne bakmaktan çok cep telefonlarıyla konuşmak veya mesajlaşmakla ilgilenen alışverişçiler de var! Ne tür bir alışverişçi olursanız olun, aslında bir şey satın almasanız bile herkes vitrin alışverişinden

Faire du shopping

J'adore aller **faire du shopping** au centre commercial. C'est toujours très amusant de se promener et de regarder tous les différents magasins. Il y en a pour tous les goûts au centre commercial et c'est toujours l'endroit idéal pour faire des affaires sur les vêtements, les chaussures et les accessoires. Je commence **généralement** mon shopping en passant par l'**entrée** principale du centre commercial. De là, je me dirige d'abord vers mes magasins préférés. Après avoir fait le tour de ces magasins, je me promène pour voir s'il y a des soldes dans d'autres endroits. Je finis généralement par passer quelques heures dans le centre commercial avant de faire mes achats. J'aime toujours prendre mon temps lorsque je fais du shopping, **car** je veux être sûre d'obtenir **exactement** ce que je veux. En plus, c'est plus amusant comme ça !

Je trouve toujours **fascinant** d'observer les gens quand je suis au centre commercial. On peut vraiment en apprendre beaucoup sur une personne par sa façon de faire ses courses. Certaines personnes sont très méthodiques et prennent leur temps, tandis que d'autres semblent prendre **tout ce qu'**elles peuvent et se diriger vers la caisse aussi vite que possible. Il y a aussi les acheteurs qui semblent plus intéressés

keyif alıyor gibi görünüyor. **Vitrinlerdeki** tüm o güzel şeylere bakmanın beni mutlu eden bir yanı var. Bazen gördüğüm **her şeyi alabilseydim** nasıl olurdu diye hayal kuruyorum! Sonuç olarak, alışveriş merkezinde bir gün geçirmek en sevdiğim eğlencelerden biri. Rahatlamak ve gevşemek için harika bir yol, aynı zamanda biraz da egzersiz yapmış oluyorsunuz (eğer yeterince dolaşırsanız). Ayrıca, arada sırada kendinize yeni bir gömlek ya da ayakkabı almak **her zaman** güzeldir!

İş yerinde **uzun bir** gün geçirdim ve nihayet kendime biraz zaman ayırabildim, bu yüzden alışveriş merkezine gitmeye karar verdim. **Önümüzdeki** sezon için yeni kıyafetlere ihtiyacım vardı. İçeri girer girmez tüm parlak ışıkları ve parlak vitrinleri gördüm. Önce en sevdiğim mağazaya yöneldim ve raflara göz atmaya başladım. Birkaç sevimli üst buldum ve onları soyunma odasında denedim. Aynada kendime bakarken yanımdaki soyunma odasına birinin girdiğini duydum. Sesini iş arkadaşlarımdan biri olarak tanıdım.

à parler au téléphone portable ou à envoyer des SMS qu'à regarder la marchandise ! Quel que soit le type d'acheteur, tout le monde semble apprécier le lèche-vitrine, même si vous n'achetez rien. Il y a quelque chose qui me rend heureuse dans le fait de regarder toutes ces jolies choses dans les **vitrines des magasins**. Parfois, je m'imagine comment ce serait si je pouvais m'offrir **tout ce que** je vois ! En fin de compte, passer une journée à faire du shopping au centre commercial est l'un de mes passe-temps favoris. C'est un excellent moyen de se détendre et de se relaxer tout en faisant un peu d'exercice (si vous marchez suffisamment). Et puis, c'est **toujours** agréable de s'offrir une nouvelle chemise ou une nouvelle paire de chaussures de temps en temps !

J'ai eu une **longue** journée de travail et j'ai enfin eu du temps pour moi, alors j'ai décidé d'aller faire du shopping au centre commercial. J'avais besoin de nouveaux vêtements pour la saison **à venir**. Dès que je suis entrée, j'ai vu toutes les lumières vives et les façades brillantes des magasins. Je me suis dirigée vers mon magasin préféré en premier et j'ai commencé à parcourir les rayons. J'ai trouvé quelques jolis hauts et les ai essayés dans la cabine d'essayage. Alors que je me regardais dans le miroir, j'ai entendu quelqu'un entrer dans la cabine d'**essayage** à côté de la mienne. J'ai reconnu sa voix comme étant celle d'un de mes collègues de travail.

Anlama Soruları

1. En çok nerede depolamayı seviyorsunuz?

2. Alışveriş merkezindeki favori mağazanız hangisi?

3. Alışveriş merkezinde genellikle ne kadar kalırsınız?

4. Alışveriş merkezinde çok zaman geçiren insanlar hakkında ne düşünüyorsunuz?

5. Alışveriş merkezinde yapmayı en çok sevdiğiniz şey nedir?

6. Hiç gerçekten ihtiyacınız olmadığı halde alışveriş merkezinden bir şey satın aldınız mı?

7. Alışveriş merkezinde gerçekten hoşunuza gidecek bir şey gördüğünüzde ama çok pahalı olduğunda nasıl tepki verirsiniz?

8. Hiç alışveriş merkezinde bir şey görüp kimin alacağını merak ettiniz mi?

9. Alışveriş merkezinde mağazalara bakmak yerine cep telefonlarıyla meşgul olan insanlar hakkında ne düşünüyorsunuz?

Questions de compréhension

1. Où aimez-vous le plus stocker ?

2. Quel est votre magasin préféré dans le centre commercial ?

3. Combien de temps restez-vous habituellement au centre commercial ?

4. Que pensez-vous des personnes qui passent beaucoup de temps au centre commercial ?

5. Quelle est votre activité préférée au centre commercial ?

6. Avez-vous déjà acheté quelque chose au centre commercial alors que vous n'en aviez pas vraiment besoin ?

7. Comment réagissez-vous lorsque vous voyez au centre commercial un article que vous aimeriez vraiment, mais qui est trop cher ?

8. Avez-vous déjà vu quelque chose au centre commercial en vous demandant qui l'achèterait ?

9. Que pensez-vous des personnes qui sont occupées avec leur téléphone portable dans les centres commerciaux au lieu de regarder les magasins ?

Pazarda

Cumartesi sabahı erkenden kalkıyorum, çok kalabalık olmadan **pazara gitmeye** hevesliyim. Üzerime bir şeyler giyip kapıdan çıkıyorum ve yolda yeniden kullanılabilir çantalarımı alıyorum. Yürürken, önümüzdeki hafta için ne yapmak istediğimi planlamaya başlıyorum. En az bir kez sebze **kızartmak** istediğimi biliyorum, bu yüzden kaliteli sebzeler almam gerekecek. Ayrıca bir çorba ya da güveç yapmak istiyorum, bu yüzden biraz et de almam gerekecek. Oraya gittiğimde nelerin iyi göründüğüne bakmam gerekecek. Pazar sadece birkaç blok ötede ve şimdiden kurulan tezgahları ve etrafta dolaşan **insanları** görebiliyorum.

Pazara varıyorum ve doğruca sebze standına gidiyorum. Seçim çok güzel ve çantalarımı çeşitli **taze** ürünlerle dolduruyorum. Çiftçiyle biraz sohbet ediyorum ve bana bazı tarifler öneriyor. Onları denemek için heyecanlıyım. Alışveriş yaparken **çiftçilerle** sohbet ediyor, onları ve ürünlerini tanıyorum. İhtiyacım olan tüm sebzeleri aldıktan sonra et reyonuna geçiyorum. Ne almak istediğimden emin olmadığım için burada biraz daha tereddütlüyüm. Sonunda çok yönlü olduğu ve çeşitli yemeklerde kullanılabildiği için tavukta karar kılıyorum. Ayrıca otla beslenen sığır eti ve serbest gezen **tavuk** almaya dikkat ederek birkaç farklı et

Au marché

Je me réveille tôt le samedi matin, impatiente de me rendre au **marché** avant qu'il ne soit trop fréquenté. Je m'habille et je sors, en prenant mes sacs réutilisables en chemin. En marchant, je commence à planifier ce que je veux faire pour la semaine à venir. Je sais que je veux faire **rôtir des** légumes au moins une fois, donc je vais devoir acheter des légumes de bonne qualité. Je veux aussi faire une soupe ou un ragoût, et je vais donc devoir acheter de la viande. Je verrai bien ce qui me semble bon quand je serai sur place. Le marché n'est qu'à quelques rues d'ici, et je vois déjà les étals installés et les **gens qui** s'agitent.

J'arrive au marché et me dirige directement vers le stand des légumes. La sélection est magnifique, et je remplis mes sacs d'une variété de produits **frais**. Je discute un peu avec le fermier et il me recommande quelques recettes. J'ai hâte de les essayer. Je discute avec les **agriculteurs** pendant que je fais mes courses, pour apprendre à les connaître et à connaître leurs produits. Après avoir acheté tous les légumes dont j'ai besoin, je passe à la section des viandes. Je suis un peu plus hésitante, car je ne suis pas sûre de ce que je veux acheter. J'opte finalement pour du poulet, car il est polyvalent et peut être utilisé dans de nombreux plats. J'achète également quelques morceaux de

parçası satın alıyorum. Kasap dost canlısı bir adamdı, uzun saatler çalışmasına rağmen her zaman neşeliydi. Hafta sonu planları hakkında benimle sohbet etmeden önce tavuk göğsümü ve bifteğimi paketledi. Ona veda ettim ve yoluma devam ettim. Süt ürünleri reyonundan da biraz yumurta ve peynir aldım.

Pazar insanlarla dolup taşıyordu, hepsi de sunulan taze ürün ve etlerden almak için sabırsızlanıyordu. Havaya sarımsak ve soğan kokusu sinmiş, kahkaha ve sohbet sesleri havayı doldurmuştu. Kalabalığın arasından geçerek haftalık alışverişim için ihtiyacım olan diğer ürünleri seçtim. Kasaya gitmeden önce **sepetimi** meyve ve sebze, makarna ve ekmekle doldurdum. Kuyruk uzundu ama çabuk ilerledi. Nihayet son alışveriş **de yapılmıştı** ve eve gitme vakti gelmişti. Araba yüklendi ve eve dönüş yolu uzun ve sıkıcıydı. Trafik yoğun ve sıcak bunaltıcıydı. Sonunda araba garaj yoluna girdi ve rahatlama hissediliyordu. Ev serin ve sessizdi ve pazarın koşuşturmacasından sonra bir sığınak gibiydi. Her şey kaldırılmıştı ve ev kısa süre içinde her zamanki huzur ve sessizliğine geri dönmüştü. Kendim ve ailem için **lezzetli** yemekler yapmak için ihtiyacım olan her şeye sahiptim. Evde olmak güzeldi.

viande différents, en veillant à prendre du bœuf nourri à l'herbe et du **poulet** élevé en plein air. Le boucher est un homme sympathique, toujours de bonne humeur malgré ses longues heures de travail. Il a emballé mes blancs de poulet et mon steak avant de me parler de ses projets pour le week-end. Je lui ai dit au revoir et j'ai continué mon chemin. J'ai également acheté des œufs et du fromage au rayon produits laitiers.

Le marché grouille de gens, tous impatients de mettre la **main sur les** produits frais et la viande proposés. L'odeur de l'ail et des oignons flottait dans l'air, et le son des rires et des conversations était omniprésent. Je me suis frayé un chemin dans la foule, en choisissant les autres articles dont j'avais besoin pour mes courses de la semaine. J'ai rempli mon **panier** de fruits et légumes, de pâtes et de pain, avant de me diriger vers la caisse. La file d'attente est longue, mais elle avance rapidement. Enfin, j'ai acheté les dernières **provisions et il est** temps de rentrer à la maison. La voiture est chargée, et le chemin du retour est long et fastidieux. La circulation est dense et la chaleur est accablante. Enfin, la voiture se gare dans l'allée et le soulagement est palpable. La maison était fraîche et calme, et c'était un havre de paix après l'**agitation** du marché. Tout a été rangé, et la maison a rapidement retrouvé sa tranquillité habituelle. J'avais tout ce dont j'avais besoin pour préparer de **délicieux** repas pour moi et pour ma famille. C'était bon d'être chez soi.

Anlama Soruları

1. Kişi nereye gidiyor?

2. Kişi ne satın almak istiyor?

3. Kişinin kaç çantası var?

4. Pazar ne kadar uzakta?

5. Kişi şu anda ne yapıyor?

6. Piyasadaki her şey nedir?

7. Pazarda kaç kişi var?

8. Kişinin her şeyi satın alması ne kadar sürdü?

9. Kişi evine nasıl gitti?

10. Kişi eve gittiğinde ne yaptı?

Questions de compréhension

1. Où va la personne ?

2. Que veut acheter la personne ?

3. Combien de sacs la personne possède-t-elle ?

4. A quelle distance se trouve le marché ?

5. Que fait la personne en ce moment ?

6. Que se passe-t-il sur le marché ?

7. Combien y a-t-il de personnes sur le marché ?

8. Combien de temps a-t-il fallu à la personne pour tout acheter ?

9. Comment la personne est-elle rentrée chez elle ?

10. Qu'a fait la personne en rentrant chez elle ?

Bir Kafede

Serin bir **sonbahar** sabahıydı ve arkadaşım Lily ile en sevdiğimiz kafede buluşup bir kahve içmek için sözleşmiştik. Paltomu ve atkımı sımsıkı sarındım ve yola koyuldum. Ağaçlardan yapraklar dökülüyordu ve havada bir ısırık vardı ama güneş parlıyordu ve güzel bir gün olacağa benziyordu. Yürürken Lily gibi bir arkadaşa sahip olmanın ne kadar iyi olduğunu **düşündüm. Üniversitede** tanıştığımızdan beri yıllardır arkadaştık. Kahve sevgimiz ve kafelerde sohbet ederek vakit geçirmemiz sayesinde birbirimize bağlanmıştık. Artık şehrin farklı yerlerinde yaşıyor olsak da haftada bir kahve içmek için buluşmayı başarıyorduk. Kafeye vardığımda Lily çoktan orada beni bekliyordu. Birbirimize sarılıp selamlaştık ve ardından kahvelerimizi sipariş ettik. Pencere kenarında bir masa bulduk ve sohbet etmek için yerleştik. **Kahve** her zamanki gibi çok lezzetliydi ve Lily ile hasret gidermek çok güzeldi. Haftamız, işlerimiz ve gelecek planlarımız hakkında konuştuk. Lily ile konuşmak her zaman çok kolaydı ve ona her şeyi anlatabileceğimi hissediyordum. Bir süre sonra acıkmaya başladık ve yemek sipariş etmeye **karar verdik.**

Yemeğimizi **sipariş** ettik ve cam kenarında bir koltuk bulduk. Güneş pencereden içeri giriyor, her şeyi

Dans un café

C'était un matin d'**automne** frisquet, et j'avais donné rendez-vous à mon amie Lily dans notre café préféré pour prendre un café. Je me suis enveloppée chaudement dans mon manteau et mon écharpe et je suis partie. Les feuilles tombaient des arbres et l'air était glacial, mais le soleil brillait et la journée promettait d'être magnifique. Tout en marchant, j'ai **pensé** à quel point c'était bien d'avoir une amie comme Lily. Nous étions amies depuis des années, depuis notre rencontre à l'**université**. Nous nous sommes liées par notre amour du café et du temps passé à discuter dans les cafés. Même si nous vivions dans des quartiers différents de la ville, nous nous retrouvions pour prendre un café une fois par semaine. Je suis arrivé au café, et Lily était déjà là, à m'attendre. Nous nous sommes embrassées et avons commandé nos cafés. Nous avons trouvé une table près de la fenêtre et nous nous sommes installées pour discuter. Le **café** était délicieux, comme toujours, et c'était si agréable de rattraper le temps perdu avec Lily. Nous avons parlé de notre semaine, de nos emplois et de nos projets pour l'avenir. C'était toujours si facile de parler à Lily, et j'avais l'impression que je pouvais tout lui dire. Après un moment, nous avons commencé à avoir faim et **avons décidé** de commander de la nourriture.

sıcak ve mutlu hissettiriyordu. Yemeğimizi yerken sohbet ettik, birbirimizin **yanında** olmanın basit zevkinin tadını çıkardık. Kafe kalabalıktı ama kalabalık hissettirmiyordu. Havada bir huzur ve memnuniyet hissi vardı. Yemeğimizi bitirdikten sonra bir süre daha oturduk ve huzurlu **atmosferin** tadını çıkardık. Bir süre hayatlarımızda olup biten farklı şeyler hakkında konuştuk. Arkadaşımla hasret gidermek ve **rahatlamak** çok güzeldi. Pencereden güneş parlıyordu ve **hiçbir şey** mükemmel günümüzü mahvedemezmiş gibi hissediyorduk.

Birden büyük bir gürültü duydum. Arkamı döndüğümde bir adamın tavandan düştüğünü ve önümüzde yerde yattığını gördüm. Üstü **başı** toz ve moloz içindeydi ve baygın görünüyordu. Yerde yatan adama bakarken arkadaşım da ben de şok içindeydik. Ne yapacağımızı ya da yardım için kimi arayacağımızı bilmiyorduk. Ne yapacağımızı bilmeden öylece oturup ona baktık. Birkaç dakika sonra kendime geldim ve 911'i aradım. Operatör bana birinin yakında orada olacağını söyledi. Telefonu kapattım ve arkadaşıma **operatörün** söylediklerini anlattım.

Nous avons **commandé notre** nourriture et trouvé un siège près de la fenêtre. Le soleil brillait à travers la fenêtre, rendant le tout chaleureux et joyeux. Nous avons bavardé en mangeant, appréciant le simple plaisir d'être en **compagnie de l'autre**. Le café était occupé, mais il n'y avait pas de foule. Il y avait un sentiment de paix et de satisfaction dans l'air. Après avoir terminé notre repas, nous sommes restés assis un moment de plus, profitant de l'**atmosphère** paisible. Nous avons parlé pendant un moment de différentes choses qui avaient eu lieu dans nos vies. C'était si agréable de rattraper le temps perdu avec mon ami et de **se détendre**. Le soleil brillait à travers la fenêtre, et c'était comme si **rien ne** pouvait gâcher notre journée parfaite.

Soudain, j'ai entendu un grand fracas. Je me suis retourné pour voir qu'un homme avait traversé le plafond et gisait sur le sol devant nous. Il était **couvert** de poussière et de débris et semblait être inconscient. Mon ami et moi étions tous deux sous le choc en regardant l'homme allongé sur le sol. Nous ne savions pas quoi faire ni qui appeler à l'aide. Nous sommes restés assis là, à le regarder, sans savoir quoi faire. Après quelques minutes, je me suis ressaisie et j'ai appelé le 911. L'opérateur m'a dit que quelqu'un arriverait bientôt. J'ai raccroché le téléphone et j'ai raconté à mon ami ce que l'**opérateur avait** dit.

Anlama Soruları

1. Çatıdan düşen adam nereden geliyor?

2. Kadın neden arkadaşıyla birlikte kafede?

3. İki arkadaşın en sevdiği kafe hangisi?

4. İki arkadaş birbirlerini ne kadar zamandır tanıyorlar?

5. İki arkadaşın en sevdiği içecek nedir?

6. İki arkadaş hangi şehirde yaşıyor?

7. İki arkadaş ne sıklıkla buluşuyor?

8. İki arkadaş en sevdikleri kafede ilk karşılaştıklarında ne hakkında konuşurlar?

9. İki arkadaşın en sevdiği yemek nedir?

10. Lily ile konuşmak neden bu kadar kolay?

Questions de compréhension

1. D'où vient l'homme qui tombe à travers le toit ?

2. Pourquoi la femme est-elle avec son ami dans le café ?

3. Quel est le café préféré des deux amis ?

4. Depuis combien de temps les deux amis se connaissent-ils ?

5. Quelle est la boisson préférée des deux amis ?

6. Dans quelle ville vivent les deux amis ?

7. Combien de fois les deux amis se rencontrent-ils ?

8. De quoi parlent les deux amis lorsqu'ils se rencontrent pour la première fois dans leur café préféré ?

9. Quel est le plat préféré des deux amis ?

10. Pourquoi c'est si facile de parler à Lily ?

Yüzmeye Gidiyoruz

Havuz her zaman **ferahlatıcı bir** yer olmuştur ve bugün de durum farklı değildi. Güneş parlıyordu ve su davetkâr görünüyordu. Derin bir nefes aldım ve suyun serin kucağını hissederek daldım. Bir süre tur yüzdüm, egzersizin ve kafamı boşaltma fırsatının tadını çıkardım. Bir süre sonra çıktım ve kurulandım, ardından güneşin altında dinlenmek için bir havlunun üzerine oturdum. Gözlerimi kapattım ve kaslarımın gevşemeye başladığını hissederek **sıcaklığın üzerimden geçmesine** izin verdim. Birden bir su sesi duydum ve gözlerimi açtığımda küçük kız kardeşimin sığlıkta **kürek çektiğini** gördüm. Gülümsedim ve bir süre onu izledim, sonra ayağa kalktım ve ona doğru yürüdüm. Biraz sohbet ettik ve birbirimizin arkadaşlığından keyif alarak birlikte kürek çektik. Kısa süre sonra ailelerimiz de bize katıldı ve öğleden sonranın geri kalanını birlikte yüzerek ve oyunlar oynayarak geçirdik. Havuzda ailece vakit geçirmek her zaman çok güzeldi. Suyun içinde olmanın insanları bir araya getiren **bir yanı** var. Belki de suyun içindeyken hepimiz eşit olduğumuz içindir - kusurlarımızı saklayamayız veya olmadığımız bir şeymiş gibi davranamayız. Ya da belki sadece eğlenceli olduğu içindir! Sebep her **ne olursa olsun,** böylesine özel bir yerde bir araya gelebildiğimiz ve birbirimizin arkadaşlığından keyif alabildiğimiz için çok mutluydum.

Aller nager

La piscine était toujours un endroit **rafraîchissant**, et aujourd'hui n'était pas différent. Le soleil brillait et l'eau semblait invitante. J'ai pris une profonde inspiration et j'ai plongé, sentant l'étreinte fraîche de l'eau. J'ai fait des longueurs pendant un moment, appréciant l'exercice et la possibilité de me vider la tête. Au bout d'un moment, je suis sorti et me suis séché, puis je me suis assis sur une serviette pour me détendre au soleil. J'ai fermé les yeux et laissé la **chaleur** m'envahir, sentant mes muscles se détendre. Soudain, j'ai entendu une éclaboussure et j'ai ouvert les yeux pour voir ma petite sœur **pagayer dans la** partie peu profonde. J'ai souri et je l'ai regardée pendant un moment, puis je me suis levée et je suis allée vers elle. Nous avons bavardé un peu et pataugé ensemble, appréciant la compagnie de l'autre. Nos parents nous ont bientôt rejoints et nous avons passé le reste de l'après-midi à nager et à jouer ensemble. C'était toujours très agréable de passer du temps avec la famille à la piscine. Il y a **quelque chose** dans le fait d'être dans l'eau qui semble rassembler les gens. Peut-être est-ce parce que nous sommes tous égaux lorsque nous sommes dans l'eau - nous ne pouvons pas cacher nos défauts ou prétendre être ce que nous ne sommes pas. Ou peut-être est-ce simplement parce que c'est amusant ! **Quelle que soit la** raison, j'étais simplement heureuse que nous

Güneş tenimi dövüyordu ve havada klor kokusu vardı. Havuzda gülüşen ve su sıçratan çocukların seslerini duyabiliyordum. Havuzun yanındaki bir **şezlonga** uzanmış, güneşi içime çekiyor ve günün **tadını** çıkarıyordum. Gözlerim kapalıydı ve tam uykuya dalmak üzereydim ki birinin bana doğru yürüdüğünü duydum. Gözlerimi açtım ve yanımda duran bir kadın gördüm. Bikini giymişti ve beline bir havlu sarmıştı. Uzun sarı saçları ve mavi gözleri vardı. Elinde bir şişe **güneş kremi** tutuyordu. "Sırtınıza biraz güneş kremi sürmemin sakıncası var mı?" diye sordu. "Hayır, sorun değil" dedim, sırtıma uzanabilmesi için doğruldum. Güneş kremini sürerken ellerini tenimde hissettim.

Dokunuşu nazikti ve güneş kreminin kokusu yatıştırıcıydı. Gözlerimi tekrar kapattım ve kendimi rahatlamaya bıraktım. Etrafta dolaşırken çıkardığı **sesleri** duyabiliyordum ama gözlerimi açmadım. Güneşin altında uzanmaktan ve kıyıya **vuran** dalgaların sesini dinlemekten memnundum. Birkaç dakika sonra uzaklaştı ve ben de gözlerimi açtım. Şezlonguna geri dönüp kitabını alırken onu izledim.

puissions tous nous réunir et profiter de la compagnie des autres dans un endroit aussi spécial.

Le soleil tapait sur ma peau et l'odeur du chlore flottait dans l'air. J'entendais le bruit des enfants qui riaient et barbotaient dans la piscine. J'étais allongée sur une chaise **longue près de la** piscine, profitant du soleil et **de la** journée. J'avais les yeux fermés et j'étais sur le point de m'endormir lorsque j'ai entendu quelqu'un s'approcher de moi. J'ai ouvert les yeux et j'ai vu une femme debout à côté de moi. Elle portait un bikini et avait une serviette enroulée autour de sa taille. Elle avait de longs cheveux blonds et des yeux bleus. Elle tenait une bouteille de **crème solaire** dans sa main. "Ça te dérange si je mets de la crème solaire sur ton dos ?" a-t-elle demandé. "Non, ça va", ai-je répondu, en me redressant pour qu'elle puisse atteindre mon dos. J'ai senti ses mains sur ma peau alors qu'elle appliquait la crème solaire.

Son toucher était doux et l'odeur de la crème solaire était apaisante. J'ai fermé les yeux à nouveau et me suis laissé aller à la détente. Je pouvais entendre le **bruit** de ses mouvements, mais je n'ai pas ouvert les yeux. Je me contentais de rester allongé au soleil, en écoutant le bruit des vagues qui **s'écrasaient** sur le rivage. Après quelques minutes, elle s'est éloignée, et j'ai ouvert les yeux. Je l'ai regardée retourner vers sa chaise longue et prendre son livre.

Anlama Soruları

1. Anlatıcı hikayeye başladığında neredeydi?

2. Anlatıcı gözlerini açtığında ne kokuyor?

3. Anlatıcı gözlerini açtığında ne duyuyor?

4. Kadın anlatıcıya kimin güneş kremini veriyor?

5. Anlatıcı ne hakkında rüya görüyor?

6. Denizde yüzmek anlatıcı için neden bu kadar özeldir?

7.Anlatıcının içinde yüzdüğü su nasıl bir his veriyor?

8. Anlatıcı sudan çıktığında ne görüyor?

9. Kadın güneş kremini anlatıcıya sürdükten sonra ne yapıyor?

10. Anlatıcı ve kadın öykünün sonunda ne hakkında

Questions de compréhension

1. Où se trouvait le narrateur lorsqu'il a commencé l'histoire ?

2. Que sent le narrateur lorsqu'il ouvre les yeux ?

3. Qu'entend le narrateur lorsqu'il ouvre les yeux ?

4. A qui la femme donne-t-elle de la crème solaire au narrateur ?

5. De quoi le narrateur rêve-t-il ?

6. Pourquoi la baignade dans la mer est-elle si spéciale pour le narrateur ?

7. quelle est la sensation de l'eau dans laquelle nage le narrateur ?

8. Que voit le narrateur quand il sort de l'eau ?

9. Que fait la femme après avoir mis la crème solaire sur le narrateur ?

10. De quoi le narrateur et la femme parlent-ils à la fin de l'histoire ?

Çim Biçme

Bir yaz **Cumartesi günü saat** sabahın 10'u ve güneş acımasızca vurmaya başladı bile. Çim biçme makinesini almak için garaja gidiyorsunuz ve kendinizi ağır işlerde çalışmaya **mahkum edilmiş** gibi hissediyorsunuz. Çimleri biçmeye başlıyorsunuz, hiçbir noktayı kaçırmamak için yavaşça ilerlediğinizden emin oluyorsunuz. Biçerken, dışarıda temiz havada olmanın ne kadar iyi hissettirdiğini düşünüyorsunuz. Çim biçme makinesini çimlerin üzerinde ileri geri itmeye başladığınızda, **göz ucuyla** komşunuzu görüyorsunuz. El sallayıp selam veriyorsunuz ve o da size el sallıyor.

Birkaç dakika sonra işiniz bitiyor ve ön bahçede bira içmek için komşunuzun evine gidiyorsunuz. **Mükemmel** bir gün; çok sıcak değil, hafif bir meltem esiyor. Ağacın gölgesinde oturup biranızı yudumluyor ve komşunuzla sohbet ediyorsunuz. İşte böyle günler yaz mevsiminin kıymetini bilmenizi sağlar. Sonra hak edilmiş bir bira için içeri giriyorsunuz. Ön verandadaki sandalyeye çöküp kutuyu açıyorsunuz ve memnun bir iç çekiş yapıyorsunuz. Siz gölgede dinlenip anın **huzurunun** tadını çıkarırken çim biçme makinesinin sesi arka planda kayboluyor. Sıcakta o kadar çalıştıktan sonra biranın tadı daha da güzelleşiyor. Tam içeri girmek üzereydim ki yan odadan bir ses duydum.

Tonte de la pelouse

Il est 10 heures du matin, un **samedi d'**été, et le soleil tape déjà sans pitié. Vous vous frayez un chemin jusqu'au garage pour aller chercher la tondeuse à gazon, avec l'impression d'être **condamné** aux travaux forcés. Vous commencez à tondre la pelouse, en veillant à aller doucement pour ne pas manquer d'endroits. Pendant que vous tondez, vous pensez à tout le bien que cela fait d'être dehors à l'air frais. Alors que vous commencez à pousser la tondeuse d'avant en arrière sur la pelouse, vous apercevez votre voisin du coin de l'**œil**. Vous lui faites signe et lui dites bonjour, et il vous répond.

Après quelques minutes, vous avez terminé, et vous vous rendez chez votre voisin pour prendre une bière avec lui dans le jardin de devant. C'est une journée **parfaite**, il ne fait pas trop chaud et une légère brise souffle. Vous êtes assis à l'ombre de l'arbre, sirotant votre bière et discutant avec votre voisin. Ce sont des jours comme celui-ci qui vous font apprécier l'été. Puis vous rentrez à l'intérieur pour prendre une bière bien méritée. Vous vous installez sur une chaise sous le porche et ouvrez la canette, en poussant un soupir de satisfaction. Le bruit de la tondeuse s'estompe et vous vous détendez à l'ombre, profitant de la **tranquillité**

Sanki biri ağlıyor **gibiydi.** Biçmeyi bıraktım ve bahçelerimizi ayıran çite doğru yürüdüm. Baktım ve komşum Bayan Johnson'ın verandasındaki salıncağında ağladığını gördüm. Ona seslendim ama beni duymadı. Çitin üzerinden tırmandım ve ona doğru yürüdüm. "Bayan Johnson, iyi misiniz?" diye sordum. Gözlerinde yaşlarla bana baktı ve başını salladı. "Hayır, iyi değilim" dedi. "Kedim dün öldü." Şok olmuştum. Ne diyeceğimi bilemedim. Ne yapacağımı bilemeden öylece durdum. Sonunda elimi **omzuna** koydum ve şöyle dedim: "Çok üzgünüm Bayan Johnson. Yardımcı olabileceğim bir şey olursa lütfen bana haber verin. " Başını salladı ve "Hayır, kimsenin yapabileceği bir **şey yok**" dedi. Sonra ayağa kalktı ve evine girdi. Bir an ne yapacağımı bilemeden öylece durdum. Sonra çimlerimi biçmeye geri döndüm. İşimi bitirdiğimde Bayan Johnson ve kedisini düşünmeden edemedim.

du moment. La bière a un goût extra bon après tout ce dur travail dans la chaleur. J'étais sur le point de rentrer quand j'ai entendu un bruit à côté.

On aurait dit que quelqu'un pleurait. J'ai arrêté de tondre et j'ai marché jusqu'à la clôture qui séparait nos jardins. J'ai jeté un coup d'œil par-dessus et j'ai vu ma voisine, Mme Johnson, pleurer sur sa balançoire sous le porche. Je l'ai appelée, mais elle ne m'a pas entendue. J'ai escaladé la clôture et j'ai marché jusqu'à elle. "Mme Johnson, vous allez bien ?" J'ai demandé. Elle a levé les yeux vers moi, les larmes aux yeux, et a secoué la tête. "Non, je ne vais pas bien", a-t-elle dit. "Mon chat est mort hier." J'étais choquée. Je n'ai pas su quoi dire. Je suis restée là, maladroitement, sans savoir quoi faire. Finalement, j'ai posé ma main sur son **épaule** et j'ai dit : "Je suis vraiment désolée, Mme Johnson. Si je peux faire quelque chose pour vous aider, faites-le moi savoir". "Elle a secoué la tête et a dit : "Non, il **n'y a rien que** personne ne puisse faire". Puis elle s'est levée et est entrée dans sa maison. Je suis resté là un moment, ne sachant pas quoi faire. Puis je suis retourné tondre ma pelouse. En terminant, je n'ai pu m'empêcher de penser à Mme Johnson et à son chat.

Anlama Soruları

1. Saat kaç oldu?

2. Biçen kişi nerede?

3. Kişi nasıl hissediyor?

4. Kişi neden yavaş biçmek zorunda?

5. Nasıl bir hava var?

6. Biçme işleminden sonra kişi ne yapıyor?

7. Kişi eve gitmeden önce ne duyuyor?

8. Bayan Johnson'ın yanında kim var?

9. Bayan Johnson neden ağlıyor?

10. Kişi Bayan Johnson'a ne söylüyor?

Questions de compréhension

1. Quelle heure est-il ?

2. Où se trouve la personne qui tond ?

3. Comment la personne se sent-elle ?

4. Pourquoi la personne doit-elle tondre lentement ?

5. Quel est le temps qu'il fait ?

6. Que fait la personne après avoir fauché ?

7. Qu'entend la personne avant de rentrer chez elle ?

8. Qui est avec Mme Johnson ?

9. Pourquoi Mme Johnson pleure-t-elle ?

10. Que dit la personne à Mme Johnson ?

Saç Kesimi Yaptırmak

Haftalardır saçlarımı kestirmek istiyordum ama bir şekilde hep ertelemeyi başarıyordum. Ancak **Noel yaklaşırken,** bunu daha fazla erteleyemeyeceğimi biliyordum. Ailemin Noel yemeğine dağınık bir şekilde gitmek istemiyordum. Bu yüzden Noel sabahı erkenden kuaföre gittim. Saat erken olmasına rağmen, salon tatil için saçlarını yaptıran diğer insanlarla çoktan dolmuştu. Sıradaki yerimi aldım ve sıramı bekledim. Nihayet sıra bana gelmişti. Jill adında güler yüzlü bir kadın olan stilist bana ne istediğimi sordu. "Sadece bir düzeltme, çok sert bir şey değil," diye cevap verdim. Jill işe koyuldu ve saçımı kesmeye başladı. O çalıştıkça ben de rahatlamaya başladım. Sonunda kendime bakıyor olmak iyi hissettiriyordu. Son zamanlarda herkesle ilgilenmekle o kadar meşguldüm ki, kendi ihtiyaçlarımı bir kenara bırakmıştım. Ama **artık öyle** değil. Şu andan itibaren kendime zaman ayıracaktım.

Jill işini bitirdiğinde aynaya baktım ve gördüklerimden memnun kaldım. Saçlarım derli toplu ve cilalı görünüyordu - tatil toplantıları için mükemmeldi. Jill'e **teşekkür** ettim ve daha sık gelmek için aklıma bir not aldım. Şu andan itibaren, her şeyden önce kendime bakacağım. Saçımı kesmek için işe koyuldu.

Se faire couper les cheveux

Cela faisait des semaines que je voulais me faire couper les cheveux, mais j'arrivais toujours à remettre ça à plus tard. Mais à l'approche de **Noël, je** savais que je ne pouvais plus attendre. Je ne voulais pas me présenter au dîner de Noël de ma famille avec une coiffure débraillée. Alors, tôt le matin de Noël, je me suis rendue au salon. Même s'il était tôt, le salon était déjà occupé par d'autres personnes qui **se faisaient** coiffer pour les fêtes. J'ai pris ma place dans la file d'attente et j'ai attendu mon tour. Enfin, c'était mon tour sur la chaise. La styliste, une femme sympathique nommée Jill, m'a demandé ce que je voulais. "Juste une coupe, rien de trop radical", ai-je répondu. Jill s'est mise au travail, coupant mes cheveux. Pendant qu'elle travaillait, j'ai commencé à me détendre. C'était bon de prendre enfin soin de moi. J'avais été tellement occupé ces derniers temps, à courir partout pour m'occuper de tout le monde, que j'avais laissé mes propres besoins de côté. Mais plus **maintenant**. A partir de maintenant, j'allais prendre du temps pour moi.

Lorsque Jill a terminé, je me suis regardée dans le miroir et j'étais ravie de ce que je voyais. Mes cheveux étaient soignés et polis, parfaits pour les fêtes de fin d'année. J'ai **remercié** Jill et j'ai noté **mentalement** de

Sonunda saçlarımı kestirebildiğim için ne kadar minnettar olduğumu düşündüm. Noel **yemeği için şık** görüneceğimi bilmek iyi hissettiriyordu. Artık ailemin "pasaklı" görünümümle alay etmesinden endişe etmeme gerek kalmayacaktı. Birkaç dakika sonra stilist saçımı kesmeyi bitirdi ve bana hızlı bir fön çekti. Aynaya baktım ve gördüğümden memnun kaldım - Noel yemeği için mükemmel olacak temiz kesimli bir görünüm. Saç kesimim aradan çıktığına göre artık ailemle birlikte tatilin tadını çıkarmaya odaklanabilirdim. Ve bunun için daha da minnettardım.

Kendimi çok **özgür** hissettim ve yeni saç kesimimin görünüşüne bayıldım. Saç kesimimin parasını ödedikten sonra eve gittim ve seyahatim için hazırlanmaya başladım. Yeni görünümümü aileme ve arkadaşlarıma göstermek için **sabırsızlanıyordum.** Beni gördüklerinde şaşıracaklarını biliyordum. Uçuşumun olduğu gün, bolca zaman ayırarak havaalanına vardım. Güvenlikten sorunsuz bir şekilde geçtim ve kısa süre sonra yola çıktım. Gideceğim yere varır varmaz havadaki heyecanı hissedebiliyordum. Noel kesinlikle havadaydı! Ailem beni havaalanında karşılamak için oradaydı ve hepsi yeni saç kesimime hayran kaldı.

revenir plus souvent. À partir de maintenant, je prendrai soin de moi d'abord et avant tout. Elle s'est mise au travail en coupant mes cheveux. J'ai pensé à combien j'étais reconnaissante d'avoir enfin pris le temps de me faire couper les cheveux. Je me sentais bien de savoir que j'allais être présentable pour le **repas de** Noël. Je n'aurais plus à m'inquiéter des taquineries de ma famille sur mon apparence "débraillée". Après quelques minutes, le coiffeur a fini de me couper les cheveux et m'a fait un rapide brushing. Je me suis regardé dans le miroir et j'étais heureux de ce que je voyais - un look propre qui serait parfait pour le dîner de Noël. Maintenant que ma coupe de cheveux était terminée, je pouvais me concentrer sur les vacances avec ma famille. Et j'en étais encore plus reconnaissante.

Je me suis sentie tellement **libérée** et j'ai adoré le look de ma nouvelle coupe de cheveux. Après avoir payé ma coupe, je suis rentrée chez moi et j'ai commencé à faire mes bagages pour mon voyage. J'**avais hâte** de montrer mon nouveau look à ma famille et à mes amis. Je savais qu'ils seraient surpris en me voyant. Le jour de mon vol, je suis arrivée à l'aéroport avec beaucoup de temps devant moi. J'ai passé le contrôle de sécurité sans problème et j'ai rapidement pris la route. Dès que je suis arrivé à destination, j'ai senti l'excitation dans l'air. Il y avait vraiment de l'air pour Noël ! Ma famille était là pour m'accueillir à l'aéroport, et ils étaient tous étonnés de ma nouvelle coupe de cheveux.

Anlama Soruları

1. Kahramanın Noel'den önce ne yapması gerekiyordu?

2. Kahraman kendine bakma konusunda nasıl hissediyordu?

3. Kahramanın saçını kim kesti?

4. Kahramanın ailesi neden onunla alay edecekti?

5. Kahraman saçını kestirdikten sonra nasıl hissetti?

6. Kahraman saçını kestirdikten sonra ne yaptı?

7. Kahramanın ailesinin saç kesimine tepkisi ne oldu?

8. Kahraman Noel arifesinde ne yapmıştır?

9. Kahramanın deneyimini daha özel kılan neydi?

10. Kahraman saçını kestirmezse ne olur?

Questions de compréhension

1. Que devait faire le protagoniste avant Noël ?

2. Que pense la protagoniste du fait de prendre soin d'elle ?

3. Qui a taillé les cheveux du protagoniste ?

4. Pourquoi la famille de la protagoniste allait-elle se moquer d'elle ?

5. Qu'a ressenti la protagoniste après s'être fait couper les cheveux ?

6. Qu'a fait la protagoniste après s'être fait couper les cheveux ?

7. Quelle a été la réaction de la famille de la protagoniste à sa coupe de cheveux ?

8. Qu'a fait le protagoniste la veille de Noël ?

9. Qu'est-ce qui a rendu l'expérience du protagoniste plus spéciale ?

10. Que se passerait-il si le protagoniste ne se faisait pas couper les cheveux ?

Park

Güneş batıyordu ve park boştu. Bankta oturmuş **arkadaşımı** bekliyordum. Bir saat önce burada buluşmayı planlamıştık ama o hep geç kalıyordu.

Tam pes edip eve gitmek üzereyken onun bana doğru koştuğunu gördüm.

"Çok üzgünüm," diye soluk soluğa bankın yanına ulaştı. "Trenim **rötar** yaptı."

"Sorun değil," dedim **bağışlayıcı bir şekilde**. "Ben de yeni geldim."

Oturduk ve bir süre sohbet ettik, son görüşmemizden bu yana birbirimizin hayatlarını konuştuk. Sohbet **kolayca** aktı ve birbirimizi son gördüğümüzden bu yana hiç zaman geçmemiş gibi hissettik. Güneş batarken vedalaştık ve yollarımızı ayırdık. Bir sonraki buluşmamız başka bir parktaydı. Yine geç kalmıştı ama ben aldırmadım. Beni **anlayan** biriyle konuşmak güzeldi. Hayallerimizden ve **özlemlerimizden,** hayatımızda yapmak istediğimiz şeylerden bahsettik. O bana dünyayı gezme planlarından bahsetti, ben de yazar olma hayalimi paylaştım. Bir gün daha güneş batarken bir kez daha vedalaştık ve bu sefer iletişimde kalacağımıza söz verdik.

Yıllar geçti ve artık ülkenin farklı yerlerinde yaşıyor olsak da **arkadaşlığımız** güçlü kaldı. Mektuplar ve

Le parc

Le soleil se couchait, et le parc était vide. Je me suis assise sur un banc, attendant mon **amie**. Nous avions prévu de nous retrouver ici il y a une heure, mais elle était toujours en retard. Au moment où j'allais abandonner et rentrer chez moi, je l'ai vue courir vers moi. "Je suis vraiment désolée", a-t-elle haleté en atteignant le banc. "Mon train a été **retardé**." "C'est bon", ai-je dit **avec indulgence**. "Je viens juste d'arriver." Nous nous sommes assis et avons bavardé pendant un certain temps, prenant des nouvelles de la vie de chacun depuis notre dernière rencontre. La conversation était fluide **et nous avions** l'impression que le temps n'avait pas passé depuis notre dernière rencontre. Au coucher du soleil, nous nous sommes dit au revoir et avons pris des chemins différents. La fois suivante, c'était dans un autre parc. Encore une fois, elle était en retard, mais ça ne m'a pas dérangé. C'était agréable d'avoir quelqu'un à qui parler et qui me **comprenait**. Nous avons parlé de nos rêves et de nos **aspirations**, des choses que nous voulions faire de nos vies. Elle m'a parlé de son projet de voyager dans le monde entier, et j'ai partagé mon rêve de devenir écrivain. Alors que le soleil se couchait sur un autre jour, nous nous sommes dit au revoir une fois de plus, en promettant de rester en contact cette fois-ci.

ara sıra yaptığımız telefon görüşmeleri aracılığıyla iletişimimizi sürdürdük ve birbirimizle hayatlarımızdan haberler paylaştık. Evleneceğini açıkladığında **şaşırmadım** - her zaman **maceracı bir** tip olmuştu. Ama yaşadığım yerden dünyanın öbür ucunda gerçekleşecek düğün töreninde baş nedimesi olup olamayacağımı sorduğunda... ikna olmam biraz zaman aldı! Sonunda en iyi arkadaşımın yanında ben olmadan evlenmesine izin veremezdim, bu yüzden korkularıma rağmen (ve ondan çok yalvardıktan sonra!) Hayatımın **macerasına** dönüşen şey için birlikte gitmeyi **kabul ettim.**

Düğün günü nihayet gelmişti. Gergindim ama arkadaşımın hayatındaki böylesine önemli bir anın parçası olacağım için heyecanlıydım. Tören çok güzeldi ve yeminlerini ederken mutlu görünüyordu. **Sonrasında** büyük bir partiyle kutlama yaptık - tanıdığı herkes onunla birlikte kutlamaya gelmiş gibiydi! Asla unutamayacağım **büyülü** bir gündü ve arkadaşlığımız bu maceradan sonra daha da güçlendi. Şimdi, yıllar sonra, hala iletişim halindeyiz. İlk tanıştığımızdan bu yana ikimiz de çok **değiştik** ama arkadaşlığımız her zamanki gibi güçlü. Ne zaman buluşsak - ister bir parkta ister dünyanın öbür **ucunda** olsun - sanki hiç zaman geçmemiş gibi hissediyoruz.

Les années ont passé, et notre **amitié** est restée forte, même si nous vivions désormais dans des régions différentes du pays. Nous sommes restés en contact par des lettres et des appels téléphoniques occasionnels, partageant les nouvelles de nos vies respectives. Lorsqu'elle a annoncé qu'elle allait se marier, je n'ai pas été **surpris** - elle avait toujours été du genre **aventureux**. Mais lorsqu'elle m'a demandé si j'accepterais d'être sa demoiselle d'honneur à la cérémonie de son mariage qui se déroulait à l'autre bout du monde, loin de chez moi... il a fallu la convaincre ! En fin de compte, je ne pouvais pas laisser ma meilleure amie se marier sans moi à ses côtés, alors malgré mes craintes (et après qu'elle m'ait beaucoup suppliée !), j'ai **accepté de participer à** ce qui s'est avéré être l'**aventure** de ma vie.

Le jour du **mariage** est enfin arrivé. J'étais nerveux, mais excité de faire partie d'un moment si important dans la vie de mon amie. La cérémonie était magnifique, et elle avait l'air heureuse en prononçant ses vœux. **Ensuite,** nous avons fait une grande fête - on aurait dit que tous ses proches étaient venus célébrer avec elle ! C'était un jour **magique** que je n'oublierai jamais, et notre amitié n'a fait que se renforcer après cette aventure. Aujourd'hui, des années plus tard, nous restons toujours en contact. Nous avons toutes deux beaucoup **changé** depuis notre première rencontre, mais notre amitié est plus forte que jamais.

Anlama Soruları

1. Yazar ve arkadaşı ilk nerede tanıştılar?

2. Yazarın arkadaşı buluşmalarına neden geç kalmıştı?

3. Yıllar sonra tekrar karşılaştıklarında arkadaşlar ne hakkında konuştular?

4. Yazar arkadaşının düğün törenine katıldığında ne hissetti?

5. Düğün töreninin yapıldığı ortamı tarif ediniz.

6. İki kadın arasındaki dostluk zaman içinde nasıl değişti?

7. Yazarın hayali nedir?

8. Yazarın arkadaşı nereye seyahat etmeyi planlıyor?

9. Yazar arkadaşının düğün törenine katılmakta neden tereddüt etmiştir?

Questions de compréhension

1. Où l'auteur et son ami se sont-ils rencontrés pour la première fois ?

2. Pourquoi l'ami de l'auteur était-il en retard à leur réunion ?

3. De quoi les amis ont-ils parlé lorsqu'ils se sont retrouvés des années plus tard ?

4. Qu'a ressenti l'auteur en assistant à la cérémonie de mariage de son amie ?

5. Décrivez le cadre de la cérémonie de mariage.

6. Comment l'amitié entre les deux femmes a-t-elle évolué au fil du temps ?

7. Quel est le rêve de l'auteur ?

8. Où l'ami de l'auteur prévoit-il de voyager ?

9. Pourquoi l'auteur a-t-elle hésité à assister à la cérémonie de mariage de son amie ?